Éloge des mangeurs d'hommes

Loups, ours, requins… sauvons-les !

Yves Paccalet

Éloge des mangeurs d'hommes

Loups, ours, requins… sauvons-les !

Arthaud

87, quai Panhard-et-Levassor
75647 Paris cedex 13

ISBN : 978-2-0813-3313-0

1. Introduction culinaire

Le mauvais goût de la chair humaine

Mettons que je sois requin. Ou loup.

Requin blanc ou requin bleu. Loup gris ou loup blanc. Ours blanc, noir ou brun. Tigre ou lion. Jaguar ou puma. Épaulard ou léopard. Crocodile, anaconda, boa, barracuda ou piranha…

Supposons que je sois l'un de ces animaux que les humains qualifient de « mangeurs d'hommes » avec un rictus de réprobation. Eh bien ! je vous le dis en vérité : je n'aime pas la chair humaine. Elle est décevante. Je laisse ma part. Il faut que je sois blessé, malade, affamé et incapable d'attraper mes proies ordinaires, pour oser l'inscrire à mon menu.

La viande humaine a mauvais goût. Celle des enfants est un peu plus tendre et agréable, mais ne vaut guère le détour. Impossible de comparer les qualités culinaires du petit homme à celles du veau sous la mère, de l'agneau de lait ou du perdreau juste éclos ! L'ogre lui-même me donne raison : ce cannibale au grand couteau, qu'une évolution facétieuse a spécialisé dans la dévoration du Petit Poucet, ne croque le marmot que pour les besoins du conte ; tel le loup du *Petit Chaperon rouge*...

S'il s'agit d'un *Homo sapiens* adulte, le repas devient franchement détestable ; et je n'évoque même pas la vieille carne de maison de retraite ! Qu'elle soit produite dans une HLM de banlieue ou dans un hôtel des beaux quartiers, la chair humaine est médiocre ; avec des relents acides, amers ou putrides. Elle trahit son élevage industriel et son alimentation mal équilibrée. Je la trouve aqueuse, fibreuse et trop grasse. Elle manifeste le manque d'exercice. Le métro-boulot-dodo... Celle des athlètes de haut niveau paraît plus ferme et plus réactive sous la dent, mais c'est un désastre sanitaire bourré d'anabolisants, d'hormones et d'amphétamines.

La viande humaine s'avachit entre les mâchoires, à la façon d'un hamburger de chez Mc Malbouffe. Elle bouchonne entre les molaires. Elle énerve les papilles et sature les fosses nasales. Elle révèle le diabète, l'hypertension ou l'artériosclérose de celui qui l'a produite. Impossible de la comparer au cuissot de biche, à l'escalope d'otarie ou au gigot de mouflon ; à la côtelette de gazelle, au jambon de marcassin ou au râble de lièvre...

Sitôt qu'il plante ses crocs dans le ventre ou les fesses d'un *Homo sapiens*, le carnivore réalise son erreur. Il comprend à quel point cette proie, qui se proclame la plus noble de l'univers, est en réalité la plus lamentable au chapitre de la gastronomie. Selon qu'il est femelle ou mâle, maigre ou bedonnant, nabot ou armoire à glace, l'*Homo sapiens* adulte pèse entre 40 et 150 kilogrammes (je ne compte ni les anorexies, ni les obésités pathologiques). Mais j'ai le regret de constater que, dans cette masse de tissus farcis de cholestérol, de triglycérides et d'acides gras saturés, aucune partie n'est bonne ou simplement passable. Ni le muscle, ni l'os, ni la tripe, ni le cœur, ni le mou, ni le foie, ni les glandes, ni la tête, alouette ! Pas davantage cette volumineuse cervelle riche en matière grise, dont les créatures à deux pieds sans plumes semblent si fières…

Les humains qui ont goûté la chair de leurs semblables – les anthropophages, les cannibales – ont une opinion différente sur cet aliment. Ils le jugent agréable et même succulent, ce qui prouve à quel point l'espèce humaine est peu douée en cuisine. Certains de ces pseudo-gourmets y voient l'équivalent du bœuf, du porc ou de l'antilope. Pourquoi pas du caviar ou du foie gras ?

Je le redis avec force : la chair humaine est décevante. J'y ai goûté : ce ne furent pas les meilleures expériences de ma vie. Je préfère oublier ces épisodes où j'ai taillé, mâché, avalé des bouchées de grand singe à poils rares. Amis carnassiers, je vous le demande : lequel d'entre vous irait déguster les poumons noircis par le goudron d'un tabagique ? Le foie boursouflé par l'alcool d'un pilier de bistrot ? Ou les rognons injectés de sang impur d'un citoyen exposé depuis l'enfance aux métaux lourds, aux pesticides et aux PCB ?

Frères carnivores qui souhaitez varier vos menus, compléter vos rations et tenter une aventure culinaire, bref devenir mangeurs d'hommes : vous voilà prévenus ! Craignez cette viande de qualité inférieure, dont tous les diététiciens conseillent de s'abstenir ! S'il vous arrive de croquer un *Homo sapiens* par paresse, par mégarde ou à l'invitation d'un voisin coutumier de la pitance, attendez-vous à être déçus. Ce gibier ne court pas vite, nage mal, n'a ni crocs, ni griffes, ni venin pour se défendre, mais se compose d'une chair sans structure, écœurante et de fumet nauséabond ; du reste, bourrée de chimie pathogène et de pharmacie inquiétante.

Vous essaierez malgré ma mise en garde ? Alors vous vous retrouverez (au mieux) avec des crampes d'estomac et les boyaux tordus. Vous endurerez des diarrhées, des fièvres, de l'urticaire sur les fesses et des boutons sur le museau. Si vous vous spécialisez dans ce régime malsain, vous deviendrez diabétiques, hypertendus ou goutteux à votre tour. Vous changerez de sexe, à cause des œstrogènes et de la testostérone dont ces aliments regorgent. Vous attraperez la « vache folle », Creutzfeldt-Jakob ou la tuberculose. À moins que vous ne finissiez votre existence en vous prenant pour Jules César ou Napoléon, puisque, au stade ultime de la maladie, la syphilis rend ses victimes mégalomanes !

Passage de relais

Frères dévorateurs, j'ai fait mon devoir : un animal averti en vaut deux…

Je me propose de passer le relais.

Je m'en retourne dans la mer ou dans la savane afin d'y savourer quelques goûteuses proies sauvages, plus difficiles à capturer mais plus délicieuses à croquer. Je laisse la parole, ou la plume, ou le clavier d'ordinateur à l'un de mes amis *Homo sapiens* que je n'ai pas encore dévoré – un écrivain, auteur d'un essai politiquement incorrect, mais qui ne déplaît pas aux bêtes : *L'Humanité disparaîtra, bon débarras !*

Ce graphomane sans qualités en possède au moins une : il s'inquiète, depuis des décennies, du sort des mangeurs d'hommes et autres mal-aimés de la biosphère. Il nous défend comme Jeanne d'Arc le roi de France : avec le panache du chevalier et la vigueur de la pucelle. Il proteste, il râle, il s'indigne. Il vitupère la cruauté de son espèce envers nos peuples « inférieurs », « machines » ou « sans âme ». Il use son énergie à dénoncer les pièges, les filets, les pesticides, les arcs, les flèches, les fusils et les kalachnikovs que son genre égoïste, invasif et brutal utilise partout et en tout temps, afin de nous gommer du registre de la vie.

Je souhaite à cet utopiste à la barbe blanche et à la calvitie définitive une longue et paisible vieillesse, remplie d'amitiés humaines, zoologiques et botaniques. Suivie d'une mort douce que conclura (il en sera honoré) la dévoration de son cadavre par un ours, un requin ou un loup, sur le sol gelé d'une toundra, dans l'eau bleue d'un lagon des tropiques ou sur la mousse douillette d'une forêt profonde…

La chair de ce négligeable scribe aura une saveur détestable, mais elle nourrira un carnassier nécrophage et ses bébés affamés. La restitution de ce corps à l'écosystème participera du poème de la Terre. Le squelette en vanité de ce philosophe dansera la *Danse macabre* de Liszt ou de Saint-Saëns, en duo avec la charogne de

Baudelaire, sous un nuage de mouches étincelantes dans lequel Victor Hugo eût aperçu les constellations. Le Lion, la Grande Ourse et la Petite, le Loup, le Taureau, l'Aigle et le Dauphin. Sans oublier le Dragon qui fut dinosaure ; qui hanta l'imagination de nos aïeux ; et qui souffle encore sous l'apparence écailleuse et magnifique du varan de Komodo ou du crocodile.

Frère crocodile, frère varan !

Frère François vous salue bas.

2. « Le » requin
Les Dents de la mort

Deux « accidents de requin » en quelques jours à La Réunion, après plusieurs autres ces dernières années. Angoisse dans l'île, gros titres dans les journaux…

Un surfeur, mordu par un requin-bouledogue, décède des suites de l'hémorragie. Une adolescente se baigne près du rivage et subit le même sort. *Les Dents de la mer* surgissent-elles de l'onde amère plus souvent qu'autrefois ? Les « monstres sanguinaires » menacent-ils les vacanciers ? Pour empêcher les drames, faut-il massacrer tous les squales ?

J'unis ma peine à celle des familles des victimes. J'aimerais que de tels drames n'aient pas lieu : or ils se produisent. Je sais aussi que, lorsque le sang coule, rien n'est plus simple que de crier vengeance et d'exiger le carnage. C'est ce qui se passe… Lorsque, sans enquête ni raison, des « responsables » politiques, associatifs ou médiatiques entonnent un discours de haine contre les requins, lorsqu'ils laissent libre cours à leur « anti-squalisme primaire », je m'inquiète et je m'insurge. Quand j'entends ou je lis des phrases du genre : « La mer est infestée, régulons la population de ces monstres ! », je comprends trop bien : « Il faut les massacrer jusqu'au dernier : au moins cela donnera-t-il à nos électeurs ou à nos clients le sentiment que nous agissons ! »

La bêtise et la méchanceté sont pénibles à supporter. Pour quelques attaques, fussent-elles fatales, devons-nous éliminer la totalité des squales et changer l'océan mondial en une vaste piscine à vagues peuplée de poissons rouges en plastique ? Les requins agressent un petit nombre d'humains chaque année : c'est vrai, et c'est toujours trop pour les victimes et leurs familles. Mais, durant la même période, nos automobiles causent des milliers de fois plus de morts et de blessés : allons-nous punir ces tueuses, c'est-à-dire envoyer l'ensemble de nos bagnoles à la casse ? Lorsqu'un avion s'écrase ou qu'un train déraille, nul « responsable » politique ou médiatique n'exige qu'on se débarrasse sur-le-champ de ces moyens de transport dangereux !

Je tiens pour plus sage et plus efficace de tenter de comprendre ce qui advient avec les animaux sauvages, afin de mettre au point des stratégies qui nous aident à éviter les drames. C'est plus compliqué que l'appel au massacre, bien sûr ; mais tellement plus raisonnable !

Je me souviens des années que j'ai passées avec le commandant Cousteau, sur la *Calypso*. Je me remémore nos émerveillements quand nous côtoyions les requins. Nous classions ces poissons parmi les plus beaux animaux de la mer. Nous admirions, en eux, des exemples d'adaptation au fluide aquatique ; des modèles de perfection de la vie dans l'élément liquide…

On ne peut nier que quelques espèces de requins ont de grandes dents et savent s'en servir. À La Réunion comme dans d'autres lieux du monde, on déplore des accidents. Si tragiques soient-ils, la vérité oblige à écrire que les humains en sont le plus souvent responsables. Les surfeurs ou les baigneurs font preuve d'une étonnante imprudence. Ils s'aventurent dans des zones où la baignade est interdite à cause de la présence habituelle des squales. Ils pénètrent dans le royaume aquatique aux pires moments : au crépuscule, ou lorsque l'eau est trouble ou agitée, dans les ambiances que les requins préfèrent pour partir en chasse ou en quête d'une aventure sexuelle…

Nous habitons une planète dont l'homme croit être le roi. Nous nous décernons ce titre et nous déployons les moyens techniques de notre tyrannie. Nous autres, *Homo sapiens*, nous dévorons la nature avec avidité et sans grand plaisir, comme un quadruple mauvais hamburger. Nous considérons que tout nous est dû, sur la terre comme dans l'air et dans l'eau. Les drapeaux d'alerte « Requins ! » étaient hissés sur la plage, mais l'adolescente et le surfeur les ont négligés. Ils ont agi en vacanciers sûrs de leur « droit », en clients soucieux de consommer la prestation touristique qu'ils avaient achetée. La jeune fille a voulu profiter de son séjour en nageant encore une fois avant la nuit. Le surfeur avait loué une planche : il a donc chevauché la vague…

Ils y sont allés en dépit de la prudence, *requiescat in pace* !

Modestes réalités

Avec l'équipe de la *Calypso,* nous avons plongé des centaines de fois à la rencontre des requins de toutes espèces et de toutes tailles. Nous nous sommes fait une idée plus précise des raisons pour lesquelles il arrive que ces animaux mordent des humains.

Primo, les squales s'en prennent rarement à notre espèce : en moyenne, chaque année, au long du XXe siècle, ils ont attaqué environ cent humains et causé une dizaine de morts. Dans le même temps, les hommes pêchent, c'est-à-dire tuent, environ 100 millions de requins de toutes catégories, des plus petits aux plus grands. Si quelqu'un est dangereux pour l'autre, c'est l'homme pour le requin, et non pas le requin pour l'homme.

Secundo, la plupart des grands squales, les inoffensifs requin-baleine, requin-pèlerin et requin grande-gueule comme les super-prédateurs surarmés (requins blanc, bouledogue, tigre, longimane, bleu, marteau, etc.), sont en voie de disparition. Leurs effectifs s'effondrent. Ces animaux superbes sont massacrés pour leurs ailerons (qui finissent dans le triste « potage » oriental). Ils souffrent de la surpêche que nous pratiquons avec une stupide avidité : celle-ci vide les océans de leurs richesses biologiques et mène les carnivores à la famine. Ils endurent nos pollutions et les effets pernicieux du réchauffement de la mer, déjà perceptible en surface. La survie des plus remarquables espèces de squales est devenue aussi problématique que celle des tigres, des éléphants, des rhinocéros, des jaguars ou des ours.

Tertio, les requins n'attaquent pas l'homme pour le manger : ils n'aiment pas trop notre viande. Ils préfèrent le poisson ou le mammifère marin. Ils ne confondent sûrement pas le surfeur et sa planche avec une otarie ou une tortue marine : la précision prodigieuse de leurs organes sensoriels décrédibilise cette hypothèse. Les morsures que peuvent infliger le requin-bouledogue (accusé dans les récents drames de La Réunion) et certains de ses cousins relèvent pour l'essentiel de la défense du territoire. Le squale mord pour préserver son espace vital, qu'il estime violé par le nageur ou le surfeur. Le poisson avertit l'étranger à plusieurs reprises. Le plongeur observe ces attitudes de menace et en tient compte. En surface, le surfeur ou le nageur ne s'aperçoivent de rien : le prédateur envoie à nouveau son message. Il s'énerve de n'être pas compris et finit par donner le coup de dents fatal.

C'est ici que se pose la question essentielle : au nom de leur liberté de barboter ou de surfer – de leur droit aux « vacances émotion » –, les touristes oublient que la mer ne leur appartient pas ; qu'ils y sont seulement invités ; que les squales y barbotaient 400 millions d'années avant nos congés payés ou nos marinas pieds dans l'eau ; et que, en allant chevaucher les vagues dans toutes les conditions, ces intrépides ou ces inconscients se conduisent comme s'ils sautaient à pieds joints dans la cage d'un pitbull, et s'étonnaient d'être mordus…

Notre addiction à la consommation effrénée des « loisirs » est stupide. Elle nous offre peu de réelles satisfactions, mais nous accable de blessures et de deuils. Imagine-t-on, dans un parc naturel africain, un homme ou une femme qui feraient leur jogging dans la savane, à la tombée de la nuit, dans le brouillard, au royaume des lions, des léopards et des hyènes ? C'est ce qu'ont osé l'adolescente et le surfeur à La Réunion. Leur vie en a constitué le prix… Ils auraient pu, en courant les mêmes risques, aller piquer une tête dans une rivière à crocodiles ; se mêler à un troupeau d'hippopotames ou de buffles ; ou vagabonder sur la banquise avec les ours polaires ! Qu'auraient exigé les autorités « responsables » dans de tels cas ? Qu'on élimine tous les lions, toutes les panthères, tous les crocodiles, tous les hippopotames et tous les ours ? Sans oublier les serpents, les scorpions, les araignées et les moustiques ?

J'en conjure mes semblables : si nous voulons jouir de la grande nature, apprenons à la respecter ! Ne la réduisons pas au rôle de terrain de jeu ou de parc d'attractions ! Tentons de la connaître. Écoutons ceux qui savent de quoi elle est faite et quelles en sont les lois. Chaque année, dans les Alpes françaises, près d'une trentaine de skieurs hors-piste meurent, emportés par une avalanche, asphyxiés sous la neige ou disloqués contre un rocher. Dans la plupart des cas, le risque était connu, annoncé, répété, seriné par les services de sécurité ; et les drapeaux d'alerte déployés. Des intrépides (qui se baptisent eux-mêmes « *free riders* ») y sont allés pour le « *fun* », pour un bon « *run* », pour l'adrénaline, pour le danger, parce que c'est une drogue et qu'ils avaient payé leur séjour à la montagne. Parce qu'ils se croyaient assez forts, assez veinards ou assez bien protégés par le ciel pour en sortir indemnes…

Le requin et l'avalanche se ressemblent.

Ils incarnent l'image sublime et terrifiante de la puissance de cette nature dont nous avons besoin, mais qui peut nous anéantir en une seconde. La différence entre les deux tient dans le fait que, lorsque quelqu'un meurt enseveli sous la neige, personne n'ose demander aux autorités qu'elles aillent incessamment « réguler » le nombre des coulées dans la montagne.

Quelques statistiques

Le requin tourne autour du plongeur. Il le flaire. Le frôle. S'éloigne. Revient. S'agite. Arque son corps. S'énerve. Se rapproche davantage... Il quitte soudain toute prudence et fonce, la gueule ouverte, les dents luisantes comme des poignards. L'humain n'a aucune chance. Il sera déchiqueté ! Le squale saisit une jambe, s'arc-boute, tire, secoue et arrache le membre.

Terreur rouge dans la mer bleue... L'attaque était effrayante. Longtemps calculée, mais brutale dans son exécution...

Ce n'était qu'une expérience, lors d'une mission de la *Calypso*... Le « malheureux » plongeur était un mannequin, un habit de Néoprène bourré de viande et de sang de bœuf, de chair et d'huile de thon, et d'autres ingrédients propres à attirer les prédateurs.

Le but de ce genre d'expériences est d'étudier le comportement d'agression de ceux qu'on appelle, avec une gourmandise macabre, les « Dents de la mer », en référence au roman de Peter Benchley et au film homonyme (en anglais, *Jaws*) de Steven Spielberg. Ou, avec Xavier Maniguet, *Les Dents de la mort* (le titre d'un essai paru en 1991).

Les requins mangeurs d'hommes existent-ils ?

A-t-on une chance (ou une malchance !) de les rencontrer ? Et où ? Certains squales ont avalé de la chair humaine. Mais de manière exceptionnelle ; pour ainsi dire, du bout des quenottes ; sans grand appétit ; et dans des circonstances peu courantes.

On a une idée de la fréquence de ces agressions grâce à une « bible » : le *Dossier international des attaques de requins* (*International Shark Attack File*), constitué en 1973 par l'Américain David Baldridge. Cet ouvrage de référence recense les cas bien établis d'attaques contre des hommes depuis près d'un siècle avant 1967. Selon ce document, à cette date-là, le nombre d'*Homo sapiens* blessés ou tués par des requins s'élève à environ 2 100 (1 600 accidents prouvés, 500 douteux). Parce que les références de Baldridge sont uniquement anglo-saxonnes ; parce qu'elles ne comptent pas les incidents survenus lors de la Seconde Guerre mondiale ; et parce qu'elles s'arrêtent en 1967, nul ne doute que le chiffre réel et actualisé soit supérieur.

Les spécialistes évaluent le nombre (rond et large) des « accidents de requins » à 10 000 en un siècle. Avec un taux de mortalité de 10 %. Soit 1 000 morts en cent ans. Soit dix morts par an…

Sur cette planète, les squales osent en moyenne, chaque année, une centaine d'agressions à l'encontre de notre espèce, et provoquent une dizaine de décès. En comptant les *boat people* qui font naufrage, mais dont les véritables meurtriers sont des hommes… En incluant les vraies morsures (mais fausses attaques) subies par les pêcheurs au « tout gros », qui se font lacérer par un animal qu'ils avaient agressé en le prenant au bout de leur ligne et en le tirant hors de l'eau, et qui n'a fait que se défendre…

Une dizaine de morts par an.

Alignons quelques chiffres dans la colonne d'à côté. Rien qu'en France, durant la même période, les accidents de la route causent quelque 4 000 morts, et les maladies liées au tabac plus de 70 000. Les requins font moins de morts en un an, sur l'ensemble de la planète, que l'automobile en une seule journée, en France. Les squales tuent moins de nos congénères en un an, dans la mer entière, que le tabac dans notre seul pays en une heure !

Et c'est avec des créatures aussi débonnaires, aussi paisibles et peu agressives, qu'on voudrait nous faire trembler ? Si l'on se fie aux statistiques, mieux vaut plonger dans une mer « infestée » de squales, que de prendre sa voiture pour un week-end de détente à la mer, à la campagne ou à la montagne !

Les attaques de requins envers les hommes fascinent le public, qui y voit un modèle de brutalité primitive. Elles intéressent quelques « squalologues » qui les décrivent, les dissèquent, les répertorient et en dissertent savamment.

Si on la comparait aux autres périls, aucune de ces attaques ne ferait la une des journaux.

De rares cas sanglants

L'agression la plus septentrionale d'un requin contre un homme qu'on connaisse a eu lieu en 1960, près de Wick, en Écosse : un petit squale a mordu le bras d'un pêcheur sans lui faire plus de mal qu'un chien.

De telles attaques, et de plus graves, il s'en produit dans toutes les mers du monde. La plupart sont bénignes ; quelques-unes tournent mal ; beaucoup ont lieu à bord de bateaux de pêche, lorsque les équipiers remontent leurs filets ou leurs lignes.

Au Canada, en 1848, un squale dévore le bébé d'un couple d'Indiens qui traverse le Saint-Laurent en canoë. En Chine, en 1938, on rapporte plusieurs cas mortels près du port de Tsingtao. Au Bengale, où les attaques sont assez communes, on incrimine le requin du Gange, alors que le responsable est plus souvent le requin-bouledogue. Dans le golfe du Bengale, écrit un voyageur du XVIe siècle, « ceux qui sont fatigués du monde et veulent gagner le Paradis se jettent à l'eau et finissent rapidement dévorés ».

En mer d'Oman et dans le golfe Arabo-Persique, les pêcheurs de perles redoutaient la curiosité trop intéressée des squales. En mer Rouge, nombre de récits décrivent le naufrage de pèlerins en route pour La Mecque, et dont le voyage finit en tragédie. Lors des grands départs de *boat people* depuis le Vietnam et le Cambodge vers la Thaïlande, depuis Haïti et Cuba vers les États-Unis, depuis le Maroc vers l'Espagne ou depuis la Tunisie vers Lampedusa et la Sicile, des dizaines de barques surchargées coulent, trop fragiles ou détruites par des pirates. Dans ces circonstances, les squales recyclent les cadavres. Mais ils n'ont tué personne.

En Méditerranée, où l'on croise le grand requin blanc, le requin-taupe, le requin-renard et le requin-marteau commun, les agressions sont rarissimes. Dans son *Histoire naturelle*, au Ier siècle, Pline l'Ancien mentionne des « combats frénétiques » entre des nageurs et des « chiens de mer qui s'en prennent aux reins, aux talons, à toutes les parties blanches du corps ». Les annales plus récentes gardent la trace d'incidents en France, en Italie, en Grèce, en Croatie, en Égypte, etc. Mais sans mort d'homme.

Le trio dangereux

Non seulement les requins n'attaquent que très rarement notre Grandiose Suffisance, mais ils ont peur de nous. Sur les quelque 400 espèces de squales, 80 % n'atteignent pas 2 mètres de longueur à l'âge adulte, et 50 % mesurent moins d'un mètre. Aucun de ces moyens et petits poissons ne se risque à porter la dent sur Notre Infinie Noblesse ; du moins tant que nous sommes vivants. Le recyclage de la charogne, fût-elle humaine, ne saurait être classé parmi les conduites agressives.

Il existe, en réalité, une vingtaine d'espèces de mordeurs potentiels ; allons jusqu'à la quarantaine, en tenant compte de réactions de colère ou de panique toujours possibles chez des animaux inquiétés. Une douzaine de noms, à peine, désignent les squales détenteurs d'arguments assez solides pour effrayer quiconque les croise en leur royaume.

Les trois plus dangereux, ceux qui craignent le moins l'*Homo sapiens* et peuvent parfois le choisir délibérément pour cible, sont (tiercé gagnant !) le requin-bouledogue (*Carcharhinus leucas*), le requin-tigre (*Galeocerdo cuvier*) et le grand requin blanc (*Carcharodon carcharias*).

Le requin-bouledogue est le plus redoutable pour deux raisons : il vit et chasse en bandes ou en bancs organisés ; et il remonte volontiers les estuaires, voire les fleuves, jusqu'à des dizaines de kilomètres en amont. Or ces contrées sont aussi les plus peuplées par notre espèce, et les plus propices à nos activités aquatiques…

Le requin-tigre, l'un des seigneurs du groupe, incarne aussi l'un de ceux qui ont le plus large spectre de proies potentielles ; l'homme peut en faire partie, même s'il ne constitue pas le sommet de la gastronomie.

Le grand requin blanc alimente nos fantasmes collectifs, mais il est, aujourd'hui, devenu trop rare pour provoquer beaucoup d'accidents. Les spécialistes pensent que ses effectifs actuels ne s'élèvent pas à plus de 5 % de ses effectifs d'origine ; en d'autres termes, nous en avons anéanti 95 % ! Cet animal magnifique est inscrit sur la liste des espèces menacées que dresse l'Union internationale pour la conservation de la nature (UICN). Nombre de pays (Afrique du Sud, Australie, États-Unis, Namibie, Maldives…) le protègent comme d'autres protègent les tigres, les ours ou les panthères.

D'autres grandes dents

Au large, parmi les plus grandes espèces de squales, croisent le requin longimane, appelé aussi « océanique » (*Carcharhinus longimanus*) ; le requin bleu, ou « peaubleue » (*Prionace glauca*) ; le requin-taupe bleu (*Isurus oxyrinchus*) et son cousin le requin-taupe commun (*Lamna nasus*) ; le requin-renard (*Alopias vulpinus*) à la caudale très dissymétrique ; ou encore le primitif griset (*Hexanchus griseus*), que des plongeurs en bathyscaphe ont observé à 900 mètres de profondeur. Sans oublier le grand requin-marteau (*Sphyrna mokarran*) et le splendide requin-marteau halicorne (*S. lewini*). Dans les mers boréales, le puissant requin du Groenland, également baptisé « laimargue » (*Somniosus microcephalus*), qui atteint 6 mètres de longueur, est redouté par les Inuits dans leurs fragiles kayaks...

Près des côtes tempérées ou tropicales, on voit patrouiller le requin des Galápagos ; le requin soyeux ; le requin sombre ; le requin gris ; et le requin-marteau commun. Sur les récifs de l'Indo-Pacifique, il convient parfois de se méfier du rapide requin de corail ; du solide et curieux requin dagsit ; du requin pointes blanches ; de son cousin pointes noires ; et du requin baleinier...

D'autres mordeurs occasionnels se nomment requin cuivre, requin plat-nez, requin-hâ, etc. En Amérique, tournent le requin-tisserand, l'élégant requin-citron, le requin-taupe saumon. Malgré leur aspect patibulaire, le requin-marteau tiburo et le requin-taureau sont peu dangereux. Le premier, amateur de crabes et de mollusques, dédaigne notre viande. La gueule hérissée de poignards du second n'a été conçue que pour capturer des poissons glissants.

En Afrique du Sud, il s'est déjà produit des incidents avec le requin à queue noire, le requin bordé, le requin citron faucille, voire l'élégant milandre chicor.

Voilà citée la petite quarantaine d'espèces qui, au moins une fois, ont mordu un humain ; la plupart du temps, pour infliger à leur victime une plaie pas plus grave que celle d'un roquet ; parfois équivalente à celle d'un dogue ou d'un pitbull…

Une douzaine de ces espèces sont impliquées dans les quatre cinquièmes des agressions réelles.

À peine une demi-douzaine (requin-bouledogue, requin-tigre, grand requin blanc, requin longimane, requin bleu et grand requin-marteau) en commet au moins les deux tiers. Et focalise nos terreurs, nos cauchemars maritimes, nos fantasmes de dévoration…

Où et quand ?

Les incidents ou les accidents surviennent, pour la plupart, en Afrique du Sud, en Australie, en Nouvelle-Zélande, au Brésil, en Floride et en Californie ; mais aussi à La Réunion, aux Comores, en Nouvelle-Calédonie, en Micronésie et en Polynésie…

Dans la ceinture tropicale du Pacifique, tous les rivages peuvent être concernés. On s'y souvient de quelques drames. Durant la Seconde Guerre mondiale, en 1945, le croiseur *USS Indianapolis* fut torpillé par un sous-marin japonais près des Philippines. Quatre cents marins périrent, 800 autres furent jetés à la mer ; parmi ces derniers, 500 se noyèrent, et environ 80 furent la proie des squales. Dans *Les Dents de la mer*, Peter Benchley rapporte l'épisode et charge les requins de « 600 abominables crimes » : non seulement il exagère, mais il omet de dire que, en l'occurrence, les requins n'ont tué personne, pas même ceux des humains qu'ils ont fini par dévorer – du reste aidés par d'autres poissons carnivores !

Durant la guerre du Pacifique, les squales ont été une hantise pour les aviateurs et les marins. L'examen objectif de 2 500 rapports d'aviateurs contraints d'amerrir montre que ces naufragés n'aperçurent, en réalité, que trente-huit fois des squales, et que ces « terreurs » ne les attaquèrent que douze fois…

En Nouvelle-Zélande, depuis que des statistiques existent (1901), on compte environ une soixantaine de charges sérieuses et une douzaine de morts. En Australie, pendant la même période, on dénombre quelque 300 agressions confirmées et une centaine de décès. En moyenne, moins d'un mort par an… La « férocité » des squales locaux a pourtant fait l'objet de milliers d'articles et de reportages plus ou moins sensationnalistes. Les chroniqueurs modernes ont de qui tenir. Dès 1623, le navigateur hollandais Jan Carstensz décrit, en Nouvelle-Hollande, « des requins, espadons et toutes sortes de monstres ». Les Anglais baptisent « Shark » une vaste baie de l'ouest du continent. Durant l'expédition que mène dans ces eaux le Français Nicolas Baudin, en 1803, le naturaliste François Péron raconte que les squales pullulent, « tous remarquables par leur taille et leur voracité ».

Aux États-Unis, le nombre des attaques avoisine une douzaine par an, celui des morts varie entre zéro et deux. Les risques de périr foudroyé, noyé, broyé par une tornade, mordu par un serpent à sonnette, victime d'un accident d'automobile ou des suites d'une folie humaine à l'arme blanche, au revolver ou au fusil à pompe, sont au moins 200 000 fois supérieurs. La plupart des « incidents de requins » nord-américains se produisent en Californie et en Floride.

En Afrique du Sud, quasiment aucune attaque n'a été notée dans l'ouest du pays. Du Cap au Transkei, une quarantaine d'incidents ont été inscrits sur les registres entre 1940 et 1998, dont moins d'une dizaine ont causé mort d'homme. Durant la même période, sur les plages du Natal, on a déploré moins d'une centaine d'attaques, dont une trentaine fatales. Mais quatre victimes à Durban, lors d'un mémorable « décembre noir » de 1957…

Shark Attack !

En 1958, l'Australien Victor Coppleson publie à Sydney un fameux ouvrage intitulé *Shark Attack* ! Il s'agit d'une collection d'informations recueillies dans tout le pays.

La plupart des accidents, note l'auteur, se produisent l'après-midi, entre 14 et 18 heures ; entre 1 et 3 mètres de profondeur ; à une distance de 50 à 500 mètres du rivage ; et en été. On retrouve les mêmes données objectives aux États-Unis et en Afrique du Sud. Elles pourraient paraître scientifiques… si elles ne relevaient de l'évidence : les humains se baignent plutôt à la belle saison, près du rivage, à faible profondeur et en fin d'après-midi !

Plus pertinentes semblent les remarques selon lesquelles ni la météorologie (soleil, nuages ou pluie), ni le niveau des marées n'ont d'influence décisive. Coppleson précise que, dans la quasi-totalité des cas, le squale charge seul et mord une seule victime. L'animal ne s'acharne pas sur l'humain, et ne le dévore presque jamais…

Il existe, pense le « squalologue », des « sites d'agression » privilégiés, où les incidents sont plus fréquents qu'ailleurs. Là sévissent de grands requins vagabonds, peut-être plus « malins » que les autres, en tout cas territoriaux, « seigneurs » d'un fief sur lequel ils ont l'habitude de traquer leurs proies, et sur lequel ils ne tolèrent ni concurrence ni dérangement.

Est-ce l'un de ces « malins » – un requin-tigre de 5 mètres – qui, en 1983, dévora tout de même à belles dents deux naufragés et en poursuivit (sans l'avaler) un troisième jusqu'à la côte, au nord de Townsville, sur la Grande Barrière de corail ?

À La Réunion comme dans d'autres lieux, on a de bonnes raisons de penser que les attaques se produisent près des lieux qui sentent déjà le sang, et donc attirent et excitent les squales – notamment là où des abattoirs déversent du sang dans la mer. Toujours à La Réunion, les surfeurs et les baigneurs « scandalisés » par les accidents de requins, sont allés jusqu'à demander qu'on abandonne la protection d'une réserve naturelle, sous prétexte qu'elle devenait trop riche en faune sous-marine et constituait une tentation pour les squales. Autant exiger (je le disais plus haut) que la mer entière se transforme en piscine à vague débarrassée de toute flore et de toute faune !

Du sang dans la mer

Dans l'histoire commune de l'homme et « du » requin, il y eut des moments de drame. Quelques exemples aux couleurs de l'hémoglobine...

1916. New Jersey (États-Unis). En douze jours, une série d'attaques cause quatre morts et un blessé grave. La première victime, Charles E. Vasant, est ramenée à la côte par un sauveteur, mais décède à l'hôpital. Suivent, sur la liste macabre, Charles Bruder, Lester Stilwell et Stanley Fisher. Le jeune Joseph Dunn (14 ans) perd une jambe. Il semble que le coupable soit un grand requin blanc de 2,50 mètres, qu'on capture et dans l'estomac duquel on trouve des restes humains. Un squale vraiment anthropophage. Une exception.

1935. Australie. Une sombre affaire agite le pays : un requin-tigre de 4,50 mètres, pris vivant par un pêcheur, est installé dans un aquarium où il régurgite... un bras humain décoré d'un tatouage ! La police enquête, identifie la victime, mais établit qu'elle était morte avant d'être mangée par le squale. Elle confond le probable assassin... pour le coup, très humain ! Grâce à un excellent avocat, ce dernier est relaxé faute de preuves.

1961. Australie. Lors d'un concours de chasse sous-marine, le jeune Brian Rodger sent sa jambe et sa hanche saisies par un « étau tranchant » : un grand requin blanc de 3,60 mètres l'a happé. Le jeune homme donne un coup de poing dans l'œil du squale, qui lâche prise. Il utilise la lanière de son fusil-harpon pour se faire un garrot et réussit à nager 700 mètres jusqu'à la côte. Il a perdu quatre litres de sang en arrivant à l'hôpital. On lui pose 200 points de suture. Trois mois plus tard, il recommence à plonger.

1963. Australie. Une attaque de squale coûte la vie à l'actrice Marcia Hathaway, mordue à la jambe dans 75 centimètres d'eau. La malheureuse succombe à une hémorragie sur le chemin de l'hôpital.

1963. Australie. Le champion de chasse sous-marine Rodney Fox participe à une compétition. Il sent sur son corps « une énorme pression » et éprouve « une soudaine impression de vitesse ». Il vient d'être mordu à la poitrine et au flanc par un grand requin blanc. Il enfonce ses doigts dans les yeux du poisson, qui desserre son emprise. Il est recueilli par un bateau. À l'hôpital, il a besoin de 462 points de suture ! Pendant quelques années, Rodney Fox décide de tuer le plus possible de squales, afin (pense-t-il) de « protéger autrui de ces saletés ». Puis il change du tout au tout, et devient l'un des plus ardents défenseurs des requins, surtout des grands blancs. Il aide Peter Benchley à réaliser un film documentaire sur ces animaux.

1964. Australie. Quoique plongeur expérimenté, Henry Bource se fait couper une jambe, juste au-dessous du genou, par un grand requin blanc. Il survit au choc, nage à nouveau quelques mois plus tard et ne garde aucune rancune envers les squales : « Ils ne font, dit-il, que ce que la nature leur ordonne de faire ! »

1966. Australie. Le jeune Raymond Short (13 ans) marche sur un fond d'algues, à 25 mètres du bord. L'un de ses amis pense voir près de lui un paquet de végétaux sombres : l'instant suivant, le garçon a la jambe coincée dans les mâchoires d'un grand requin blanc. Il faut les efforts acharnés de plusieurs personnes pour forcer l'animal à lâcher prise. Lorsqu'on examine le corps du poisson – une femelle de 2,50 mètres –, on s'aperçoit que celle-ci a les flancs entaillés. Ses blessures l'empêchaient de chasser normalement, et expliquent qu'elle ait attaqué un humain. L'adolescent survivra à sa mésaventure.

1967. Australie. Lee Warner et Bob Bartle, chasseurs sous-marins, nagent en direction d'un récif de corail. Une torpille sombre fonce sur Warner, le dépasse et attrape Bartle dans sa gueule, avant de le secouer comme une feuille. Warner peut regagner la côte. Lorsqu'il revient avec des sauveteurs, il retrouve le corps de Bartle. Le squale est tué peu après.

1985. Près de Port Lincoln, Australie. Shirley Ann Durdin et son mari Barry ramassent des coquilles Saint-Jacques dans 2 mètres d'eau. Un grand requin blanc de 6 mètres surgit, happe la jeune femme et disparaît en l'emportant dans sa gueule. On comprend mieux l'agression lorsqu'on sait que, quelques jours plus tôt, les eaux locales ont été appâtées pour un concours de pêche.

Coexistence pacifique

Les plongeurs palment dans les eaux chaudes du banc d'Argent, aux Caraïbes, au-dessus d'un temple de coraux cornes-d'élan et cerveaux-de-Neptune, mêlés de délicates gorgones en éventail mauve. Limaces de mer psychédéliques, éponges roses ou mauves et poissons-anges d'azur et d'or : vivant surréalisme. Là, dans une fissure, comme un gamin qui joue à cache-cache… un requin !

Un requin de récif des Caraïbes (*Carcharhinus perezi*). Un jeune sujet… Il ne mesure pas plus de 1,50 mètre. Il n'est pas dangereux. Il a peur de l'homme bien plus que l'homme ne le craint. S'il s'estimait en danger, l'animal pourrait évidemment infliger une morsure… Mais il est calme. Un plongeur s'approche. Le squale ne bouge pas. L'homme avance la main. Il frôle la caudale. La touche… La peau est rêche, hérissée d'écailles, mais souple. En caressant cet être éloigné de lui dans l'ordre de l'évolution, le visiteur ressent une étrange complicité.

Vivre en bonne intelligence avec les squales… Coexister… Ce devrait être possible ! Saurons-nous utiliser notre intelligence à pratiquer le bon voisinage avec les prédateurs, plutôt que de continuer à les diaboliser et à les massacrer ? Pour cela, il importe de les comprendre. De savoir pourquoi ces perfections biologiques se changent parfois en machines à tuer.

L'essentiel du travail revient à éliminer les idées fausses. Et il y en a !

Un poncif journalistique énervant consiste, par exemple, à dire ou à écrire que la mer est « infestée » de requins ; qu'ils y « grouillent »… Non seulement l'adjectif « infestée » et le verbe « grouiller » sont péjoratifs, mais aucun parage de l'océan ne répond, n'a jamais répondu ni ne répondra jamais à ces évocations. Les requins ne pullulent nulle part : ils deviennent même de plus en plus rares. On peut en observer des bandes de quelques dizaines, mais aucun grand banc comparable à ceux que forment (ou que formaient !) les harengs, les morues ou les thons. La plupart d'entre eux maraudent en solitaire et ne se rassemblent que pour de brefs banquets ; ou pour se reproduire.

Mangeurs d'hommes, mais pas trop !

L'*Homo sapiens* a projeté sur « le » squale nombre de ses fantasmes. Il en a fait l'exemple de ce qu'il nomme la « sauvagerie », la « bestialité » ou la « cruauté » de la nature. Il le dit « sanguinaire ». Mais c'est lui-même que l'homme dépeint ainsi !

Nul requin n'est, n'a été, ni ne sera jamais « méchant » ou « pervers ». Aucun de ces prédateurs ne saurait concevoir de la « haine », remâcher de la « rancune » ou méditer sa « vengeance ». Ces défauts, ces sentiments, ces projets sont humains, trop humains. Le squale est amoral… Il est, un point c'est tout. Il vit selon les spécifications de son ADN, autrement dit selon ses pulsions, ses instincts, ses réactions aux stimuli du milieu. La sphère de nos valeurs éthiques ne lui est pas plus accessible qu'aux autres poissons – truite ou maquereau, poisson-ange ou poisson-diable !

Quelle conduite adopter lorsqu'on se trouve devant ce genre d'animal, dans la catégorie poids lourd et grandes dents ? La question a été mille fois posée. La réponse ne va pas de soi. Elle nécessite que nous en apprenions davantage sur les raisons qui incitent le poisson à ouvrir la gueule et à mordre.

Je l'ai déjà précisé : une petite quarantaine d'espèces de sélaciens (sur environ quatre cents) sont réputées s'attaquer parfois aux humains ; une douzaine en ont tué ; une demi-douzaine concentrent nos craintes, nos horreurs ou nos fantasmes.

Dans la grande majorité des cas, l'animal ne nous mord pas pour nous dévorer. Nous ne figurons pas parmi ses proies ordinaires, ni même parmi ses extras. Bien entendu, la nécessité de se caler le ventre après une disette peut constituer un motif d'agression pour quelques squales, surtout s'ils sont eux-mêmes blessés ou malades. Des drames en témoignent. J'ai cité plus haut la tragédie du New Jersey en 1916, celle de Bob Bartle en 1967 ou celle de Shirley Ann Durdin en 1985. Il y en eut d'autres. En 1974, près de Durban, en Afrique du Sud, Damon Kendrick (14 ans) a la jambe à demi-dévorée par un requin. Il s'en tire. « À la place de mon mollet, raconte-t-il, pendaient comme de vieux chiffons des langues de chair et de muscles d'où le sang giclait à force. » L'attaque qui touche William J. Goins, à Hawaii, en 1926, est elle aussi dictée par la faim : on retrouve, deux jours plus tard, les restes du malheureux dans l'estomac du requin blanc qui l'a choisi comme dîner.

Ces agressions de type « alimentaire » demeurent l'exception – à moins que l'homme n'aiguise l'appétit du squale, de façon involontaire ou délibérée. Certaines baies d'Afrique du Sud ou d'Australie, certaines anses de La Réunion, de la Floride ou d'ailleurs sont devenues dangereuses à partir du moment où notre espèce a commencé à y déverser des déchets organiques : effluents d'abattoir ou de boucherie, rejets des industries du cuir ou de l'alimentation, etc. Ce sont là autant de tables parfumées et ouvertes, auxquelles les requins s'invitent. Et qu'il vaut mieux, du coup, ne pas trop fréquenter quand on est baigneur…

De même, les grands prédateurs océaniques ont « compris » que des repas faciles leur étaient offerts en mer de Chine ou dans les eaux de Floride, lors des départs de *boat people*… Un phénomène analogue s'est produit au Moyen Âge, en Europe, pendant la guerre de Cent Ans : les loups ont dévoré des cadavres humains, puis ont pu s'attaquer à des enfants ou à des vagabonds affaiblis. L'histoire se répète dans l'océan. Mais ni les loups ni les requins ne sont responsables de nos atrocités et de nos crimes.

Un autre problème se noue aujourd'hui : nos flottes de pêche industrielle vident littéralement la mer de ses ressources. Privés de poissons ou de calmars, réduits à la disette, les squales sont de plus en plus souvent poussés à quêter leur nourriture là où ils n'en avaient pas l'habitude. Un jour ou l'autre, pour ne pas mourir de faim, ils se serviront dans les rangs des estivants, plaisanciers, baigneurs ou surfeurs…

Il existe d'autres manières encore d'exciter l'appétit des squales. Certains plongeurs les appâtent sur les récifs ; ils appellent (en anglais ou en franglais) ce nourrissage « *feeding* ». Ils le pratiquent pour l'émotion, pour tourner de belles séquences de film ou de vidéo, pour prendre des photos « chocs »… Ils déclenchent, parfois aussi, des frénésies alimentaires qui dégénèrent : ils se font arracher un doigt ou toute la main par un convive qui « vise » un peu large ; ou qui mord un peu trop vite parce qu'il a perdu sa crainte instinctive de l'homme.

Parmi les adeptes de la chasse sous-marine, d'autres inconscients se promènent au royaume des squales en gardant autour de la taille ou de l'épaule des « trophées » sanglants – les poissons qu'ils ont harponnés. Les sélaciens détectent de loin l'odeur de la chair fraîche. Ils s'approchent. Se sentent un petit creux. Exigent leur part. Et, là encore, peuvent croquer trop large, y compris la cuisse, le ventre ou le bras du Nemrod des profondeurs…

Essais et erreurs

Une autre catégorie d'attaques où la pulsion alimentaire joue un rôle est celle des agressions qu'on pourrait qualifier de morsures « par erreur », ou « par essai ».

En 1985, à Hawaii, Joe Thomson chevauche une planche à voile peinte en jaune. Culbuté, mordu par un squale, il y laisse une main. Pour l'animal, la couleur jaune a peut-être évoqué celle du ventre d'une proie qu'il apprécie : la tortue de mer. Confusion en eau trouble… On a émis l'hypothèse (très contestable) que certains surfeurs ou baigneurs ont pu être attaqués parce que leur silhouette évoque celle d'une otarie, d'un lion de mer ou d'un phoque, notamment en Australie méridionale, en Californie ou en Afrique du Sud.

Il arrive que le requin donne un coup de dents « curieux ». Juste pour goûter ; de même que nous « tastons » un légume inconnu ou un plat exotique… Le squale est attiré par les odeurs animales, qu'il décèle de très loin, à des concentrations incroyablement faibles (moins d'une partie par million), et dont il remonte la piste. Il est également sensible aux signaux de basse fréquence et aux ondes électromagnétiques que créent les animaux nageurs, *a fortiori* s'ils sont blessés. Les humains qui barbotent propagent à la fois des molécules chimiques et des ondes mécaniques et électriques. Le prédateur nage vers la source de ces informations, localise sa victime potentielle et ouvre les mâchoires pour en avoir le cœur net… S'il aime, il termine son assiette ; s'il est déçu, il n'y revient pas !

On a remarqué, de surcroît, que les squales s'intéressent plus particulièrement à certains stimuli visuels. Ils sont attirés non seulement par la silhouette de leurs proies ordinaires, mais par les objets brillants (masques, bracelets métalliques, etc.) qui reflètent le soleil et évoquent peut-être, à leurs yeux, des poissons argentés ou des calmars. De même, les sélaciens se dirigent volontiers vers les sujets aux couleurs chaudes – rouges, jaunes, orange. Y voient-ils des poissons de récif ou d'autres proies bariolées, seiches goûteuses ou langoustes croquantes ?

Pour le territoire…

Les requins incarnent de superbes énigmes.

Nous sommes loin de saisir les motivations de ces fauves du Grand Bleu. Les spécialistes s'accordent à penser que la plupart des attaques qu'ils perpètrent envers notre espèce n'ont pas pour mobile la pulsion alimentaire.

Sous l'eau, nombre d'incidents surviennent quand un nageur ou un surfeur (rarement un plongeur) dérangent, sans s'en douter ou de façon délibérée, un squale qui s'estime chez lui. Légitime propriétaire des lieux… Ainsi s'expliquent les blessures infligées par des espèces d'ordinaire pacifiques, comme le requin-nourrice, le requin-nourrice fauve ou le virli-léopard, voire certaines émissoles, les anges de mer, les requins-aiguilles, les holbiches…

Un plongeur agace un requin-nourrice qu'on jurerait « endormi » dans sa grotte. À bout de patience, l'animal se retourne et lui empoigne le bras ou la jambe. Ses dents sont faites pour broyer des carapaces ou des coquilles : elles occasionnent des dégâts ! Il est arrivé qu'un requin-nourrice énervé retienne dans sa gueule un apnéiste indélicat – et le noie. Qui d'entre nous, s'il n'a une grande habitude des animaux, oserait agacer un pitbull ou un léopard dans leur cage ?

Dans la même catégorie d'imprudences, on a vu un plongeur attraper la queue d'un requin de corail et, l'instant suivant, se retrouver le bras en lambeaux. Ou d'autres chevaucher le paisible requin-baleine (*Rhiniodon typus*) ou son cousin pèlerin (*Cetorhinus maximus*) ; se laisser griser par l'épisode ; mais se faire assommer d'un coup de queue involontaire…

Postures de menace

Nous n'avons pas bon goût, du moins de l'avis du requin, lequel incarne un fin gourmet.

Le squale n'attaque pas l'homme pour en faire son plat du jour ; pas même son amuse-gueule. Lorsqu'il s'en prend à nous, cet animal ne nous inflige d'ordinaire qu'un seul coup de dents, avant de s'éloigner sans déguster. S'il désirait déjeuner « pour de bon » à nos dépens, il nous taillerait en pièces et finirait le plat jusqu'au dernier os. Il ne le fait pour ainsi dire jamais.

On peut parier que, lors des agressions, l'enjeu est principalement la distance de sécurité. Le domaine réservé. Le terrain de chasse. Le territoire... Entre eux, les requins (du moins les plus grands) se défient, se provoquent, s'intimident ou se battent pour définir les frontières de leur fief. Par instinct et par expérience, ces poissons connaissent la limite à laquelle ils doivent cesser de nager vers leur congénère (ou vers un individu d'une autre espèce), faute de quoi ils déclenchent l'inquiétude, l'énervement, la colère, la violence de leur vis-à-vis. Sous la mer comme dans la jungle, chaque animal sait jusqu'où il peut aller trop loin. Aucun ne plaisante avec les bornes qu'impose le grand squale...

Sauf nous...

Les humains n'appartiennent pas au même univers que les poissons. Ils viennent d'une autre planète. Ils ignorent les codes des peuples de la sphère sous-marine. Ils ne s'aperçoivent même pas que la parade d'intimidation du prédateur a déjà commencé. Naïfs ou inconscients, ils continuent d'avancer et empiètent sur le territoire du poisson, comme s'ils méprisaient l'avertissement. Un coup de dents punit la transgression.

Dans bien des cas, le requin préfère garder ses distances ou s'enfuir. Il n'attaque que s'il se sent acculé.

Comme tout animal sauvage, il a horreur de ne plus disposer d'une issue vers la liberté. À ses yeux, l'homme incarne un animal d'importance, de plus de 2 mètres de longueur lorsqu'il s'agit d'un plongeur avec ses palmes ; du reste, souvent bardé d'un imposant matériel (planche de surf, appareil photo, etc.). Au total, l'*Homo sapiens* apparaît comme une grosse créature dont il convient de se méfier.

Le sélacien que le surfeur, le nageur ou le plongeur dérange envoie des signaux. Il avertit qu'il perd patience et qu'il pourrait foncer. L'humain ne perçoit pas ou ignore le message de l'animal. Il peut payer cash son inattention ou son mépris…

Avec l'équipe du commandant Cousteau, nous avons réussi à en apprendre davantage sur ce point. Le requin énervé par l'intrus nage en décrivant des cercles ou des zigzags. Il accomplit des « huit » de plus en plus rapides. Il tord par moments sa queue à angle droit. Lorsqu'il se met en rage, il adopte une posture typique, dite « en arche » ou « en oméga », le dos voûté vers le haut, la tête et la queue nerveusement cambrées. Il n'est pas rare qu'il effectue plusieurs charges simulées ou incomplètes, en brisant son élan à quelques mètres de sa cible, avant (s'il l'estime nécessaire) de revenir infliger la vraie morsure.

Un coup de dents unique, mais sévère !

Si nous savions observer, si nous tenions compte de ce comportement d'intimidation puis de menace, si nous décidions de ne pas contrevenir au code de bonne conduite du poisson, nous éviterions les plus gros désagréments ! Le primatologue n'approche pas le clan de gorilles ou de chimpanzés sans se conformer aux usages des anthropoïdes : se prosterner, baisser les yeux, faire semblant de manger pour désamorcer l'agressivité, etc. De même, le spécialiste des ours ou des lions étudie les signaux d'avertissement des fauves : il se méfie ; il ne fait pas le malin… Vis-à-vis des requins, nous nous comportons comme des intrus malintentionnés, irrespectueux et menaçants. Les squales nous font savoir, à leur manière, que nous passons les bornes.

Si nous désirons vivre en bonne intelligence avec eux, nous devons correctement interpréter leurs messages, si étranges qu'ils nous paraissent. Une croyance, répandue chez les plongeurs, affirme que le meilleur moyen d'impressionner le requin agressif consiste à nager résolument vers lui. À la lumière de ce qui précède, c'est au contraire la plus sûre façon… de s'attirer de gros ennuis !

Les squales s'en prennent souvent aux surfeurs ou aux véliplanchistes. Je suis persuadé qu'ils ne confondent pas la planche ovale-allongée et son sportif avec l'une de leurs proies : gros poisson, phoque ou tortue… Je pense plutôt qu'ils y voient la silhouette d'un autre requin, d'un concurrent, d'un congénère provocateur qui viole leur espace et doit être chassé *manu militari*. Les morsures que les squales infligent aux humains ressemblent, d'ailleurs, à celles qu'ils portent à leurs adversaires. Voire à leurs partenaires lors de la saison des amours…

Faut-il conclure de tout cela que les requins nous mordent pour des raisons plus territoriales ou sexuelles qu'alimentaires ? Que les « crimes » qu'ils commettent envers notre espèce sont, d'une certaine manière, des incidents de frontière ou des crimes passionnels ?

J'en prends le risque !

Quelques conseils de bonne conduite

Que faire en présence d'un requin ? Je veux dire : d'un gros requin ?

L'éthologie de ces animaux n'en est qu'à ses balbutiements, mais le scientifique formule quelques recommandations de bon sens.

1. Abstenez-vous d'ouvrir ou d'aiguiser l'appétit des squales. Si vous avez manipulé de la viande ou des fruits de mer, lavez-vous les mains avant de vous baigner ou de plonger. Ne nourrissez pas les poissons sur les récifs. Si vous pratiquez la chasse subaquatique (ce qu'à Dieu ne plaise !), ne gardez pas sur vous, attachés à la taille ou à l'épaule, des trophées sanguinolents. Sortez de l'eau si vous vous êtes blessé, par exemple contre un rocher ou une branche de corail, et que vous saignez. N'y entrez pas si vous êtes une femme en période menstruelle.

2. Simple baigneur à la plage, surtout si vous avez des enfants avec vous, vérifiez les panneaux ou les drapeaux d'alerte, et écoutez les avis qui annoncent la présence éventuelle de requins. Si le grand requin blanc ou le requin-tigre s'intéressent à vous (oh ! cet aileron…), nagez le plus vite possible vers la côte ou vers un bateau ; mais avec calme, sans paniquer, sans agiter frénétiquement bras et jambes. Plus facile à dire qu'à faire ! Ne créez pas de remous, de vibrations, d'ondes électromagnétiques qui laisseraient croire au prédateur que vous êtes blessé ou malade, donc facile à prendre. Si le requin charge, bourrez-lui le museau de coups de pied ou de poing. Visez les yeux, et

espérez ! Certains prétendent qu'il faut hurler : hurlez donc ! De toute façon, ça n'ira pas plus mal…

3. En plongée, ne portez sur le corps aucun objet brillant ou de couleur vive (rouge, orangé, jaune). Faites silence. Ayez le geste ample et doux. Si le squale approche, observez son manège. Si les cercles se resserrent, entamez votre remontée sans panique. Ne nagez jamais vers lui : vous pourriez violer son espace vital. Tous les comportements anormaux (torsions du corps, coups de queue exagérés, position « en arche », etc.) doivent vous alerter.

4. Bien entendu, ne plongez jamais seul ! Si le requin devient trop « curieux », voire « méchant », ou si plusieurs squales tournent autour de vous, adoptez la position « dos-à-dos », inventée par les équipiers Cousteau il y a plus d'un demi-siècle. Non seulement vous ferez ainsi toujours face au danger, mais vous semblerez plus gros – c'est-à-dire plus respectable aux yeux du prédateur. Vous aurez, ça va de soi, emporté votre débordoir, ce bâton à bout ferré, ni piquant, ni coupant, grâce auquel vous pourrez écarter l'importun…

5. Ne nagez (ne surfez) jamais trop loin du rivage. Ne vous attardez pas dans les chenaux des récifs où les prédateurs patrouillent volontiers. Ne barbotez pas en eau trouble, surtout après une inondation, dans l'estuaire d'un fleuve. Évitez la proximité des égouts et des effluents d'usines riches en odeurs attirantes. N'oubliez pas que les plongées au crépuscule ou de nuit sont risquées : la plupart des requins se mettent en chasse lorsque la lumière décroît.

6. Ne jouez pas avec les sélaciens, même petits, même d'apparence inoffensive : les dents d'une rous-

sette d'un mètre vous traverseraient la main ou vous couperaient un doigt. N'acculez jamais un animal contre une falaise ou dans une grotte.

7. Ne vous imaginez pas non plus en sécurité si vous avez croisé des dauphins dans les parages… Il est, certes, arrivé que ces cétacés secourent un humain assailli par les squales. Mais ils s'occupent d'abord de leurs propres affaires, et ils s'entendent même parfois comme larrons en foire pour chasser le poisson ou le calmar en compagnie des sélaciens !

Filets protecteurs

Les requins resteront toujours des créatures sauvages. Nous empiétons chaque année davantage sur leur royaume. Notre pêche industrielle (ce pillage irresponsable !) ampute leurs ressources alimentaires. Poussés par la disette, ils sont tentés de rôder de plus en plus près des plages et des ports. Les rencontres, les confrontations avec l'homme se multiplient. Et peuvent tourner au vinaigre…

Dans certains cas, nous devons – et nous pouvons – nous protéger. Pour cela, nous disposons d'une panoplie d'équipements – d'une efficacité à vérifier, souvent discutable !

Sur les plages que fréquentent à la fois les squales et les touristes, un excellent moyen de garantir la sécurité de ces derniers consiste à mettre en place des systèmes de guet. Au signal « Requin ! », les baigneurs disciplinés sortent de l'eau. Les enfants d'abord…

Il fut un temps où l'on exterminait par tous les moyens les squales qui s'approchaient des baigneurs. Au fusil, au harpon, voire à la dynamite… Les Sud-Africains ont été les premiers à changer de ton. Ils ont décidé de ne plus massacrer ces poissons, mais de placer des filets protecteurs devant les plages, et de laisser le reste de l'océan à ses occupants originels et légitimes… Le premier filet fixe fut mouillé devant Durban, dès 1907. En 1957-1958 fut créé le *Natal Sharks Board*. Ce service envoie des hommes immerger, devant les stations balnéaires, de grands pans de Nylon noir, disposés en quinconce, hauts de 6 à 7 mètres et longs de plus de 100 mètres. Des dizaines de sites du Natal ont été équipés, et d'autres depuis lors au Transkei et dans les environs du Cap. Les requins qui s'y prennent sont identifiés (blanc, tigre, taupe, bouledogue et grand marteau forment 10 % des visiteurs), étudiés et, s'ils sont encore vivants, relâchés au large. Un programme intelligent, écologique, et que renforce une information du public et des enfants des écoles…

Barrières et répulsifs

Divers autres modes de protection des baigneurs, des plongeurs ou des naufragés sont à l'étude.

N'insistons pas sur les loufoqueries ou les délires à la Géo Trouvetou : diffuser de la musique dans la mer (les requins détestent-ils le rock ou l'opéra ?) ; affubler les nageurs de combinaisons roses pour éviter qu'ils ne ressemblent à des phoques (?) ; ou de costumes noirs à raies blanches pour leur donner l'allure d'un nœud de serpents de mer !

Parmi les pistes moins farfelues, les barrières de bulles n'ont pas prouvé qu'elles dissuadent. Les barrières électriques sont plus efficaces : on plante des électrodes au fond la mer, à la limite de la zone de baignade, et on y envoie de faibles courants. Les squales, hypersensibles aux champs électromagnétiques, font demi-tour.

D'autres équipements sont conçus pour la protection individuelle des plongeurs ou des naufragés. Figurent dans cette catégorie certains répulsifs censés dégoûter le squale trop avide ou affamé… Peu de ces produits sont efficaces : plus de 200 ont été testés, tel le fameux *shark chaser*, mélange d'acétate de cuivre et de nigrosine (un colorant violet-noir) que, dans les années 1960, la marine américaine recommandait à ses *boys* d'utiliser en cas de naufrage. Nous l'avons testé avec l'équipe Cousteau, en en remplissant un mannequin de plastique ; le premier squale a emporté et déchiqueté la marionnette censée le dégoûter… Un agent surfactant de nos lessives, le SDS (dodécylsulfate de sodium), semble plus prometteur.

Les recherches actuelles s'orientent plutôt vers des répulsifs naturels, extraits d'animaux auxquels le requin se garde bien de toucher par expérience. On a, par exemple, extrait de l'holothurie, *Actinopyga agassizi*, une holothurine qui bloque la transmission de l'influx nerveux des poissons à des dilutions de 1 pour 600 000. Une autre substance fonctionne assez bien : on la tire du mucus cutané de la sole de Moïse (*Pardachirus marmoratus*) ; l'un de ses composés, la pardaxine, affecte le fonctionnement des branchies des squales.

Parmi les autres protections individuelles figurent les cottes de mailles ou les combinaisons tapissées d'écailles de plastique, efficaces contre les dents des petites et moyennes espèces. Les gilets de Kevlar, inspirés de leurs homonymes pare-balles. Les sacs gonflables, dans lesquels le naufragé se glisse, et qui empêchent son odeur de se diffuser dans la mer. Sans omettre les cages anti-requins, qui enferment l'homme et laissent le squale en liberté. Ce qui, au fond, respecte la logique de la nature...

Révolution culturelle

L'homme et le requin : la guerre d'extermination menée par les humains contre les squales aura-t-elle lieu ? Ou bien verrons-nous s'instaurer une sorte de coexistence pacifique entre ces deux locataires de la planète – ces deux passagers de notre fragile vaisseau spatial ?

Le temps semble venu, pour nous, d'un changement radical de comportement, je dirais d'une révolution culturelle. Plutôt que de continuer à colporter des légendes imbéciles sur la « cruauté sanguinaire » des requins, nous devons apprendre à vivre avec eux. Parce qu'ils peuplent l'océan depuis plus de quatre cents millions d'années ; parce qu'ils sont indispensables à l'équilibre de l'hydrosphère ; parce qu'ils sont beaux et participent des plus anciens mystères de la vie ; parce qu'ils hantent nos rêves et nos fantasmes, et que, sans eux, la planète mer perdrait une fraction capitale de son ensorcelante splendeur…

Des hommes s'efforcent aujourd'hui de favoriser ce rapprochement. Ils tissent des liens, sinon d'amitié, au moins de tolérance, avec le plus emblématique, le plus puissant, le plus redouté, le plus sublime de tous ces poissons : le grand requin blanc.

Ron et Valerie Taylor comptent parmi ces pionniers : ils ont filmé *Carcharodon carcharias* depuis plus de quarante ans (Ron a disparu en 2012).

Mais l'homme qui a stupéfié le monde s'appelle Andre Hartman. Il est sud-africain. Près du Cap, il a – le premier – osé plonger en compagnie des grands blancs sans la moindre protection. Ni cage anti-requins, ni poudre de perlimpinpin… Pour seule arme matérielle, un dérisoire débordoir. Pour armes morales, sa confiance, sa philosophie, sa capacité à comprendre et à prédire le comportement des géants, à deviner leurs intentions, au moins en partie, à communiquer avec eux.

Les grands blancs l'ont reniflé, identifié par les ondes de pression ou des champs magnétiques, regardé de très près. Ils ont tourné autour de lui. Ils ne l'ont pas dévoré. Andre Hartman a fait basculer, d'un coup, l'image esthétique et éthique que nous nous formons de ces « monstres assoiffés de sang ». Plusieurs dizaines de plongeurs l'ont imité depuis lors. Ils ont tenté le grand jeu, hier encore inconcevable ou tenu pour une pure folie. Parmi ces pionniers de la « nouvelle alliance », Jean-Michel Cousteau… Le fils du commandant a dirigé, sur ce sujet, le tournage d'un téléfilm. Au bout du voyage – image d'une absolue douceur –, il caresse la nageoire dorsale du colosse en liberté. Dans le film *Océans* (2009) de Jacques Perrin et Jacques Cluzot, l'un des anciens plongeurs de la *Calypso*, François Sarano, nage lui aussi longuement en compagnie du « tueur », en totale liberté dans le fluide aquatique ; après quoi, il déclare que c'est « sa plus belle expérience sous-marine ».

Nous savons aujourd'hui que les grands requins blancs sont en danger de disparition. On n'en compte plus que quelques milliers dans l'océan mondial – en étant optimiste. Or nous avons appris qu'ils n'incarnent nullement les brutes épaisses qu'on a voulu en faire. Ils migrent sur des centaines, voire des milliers de milles chaque année. Ils ont la mémoire des lieux où ils peuvent trouver de la nourriture, selon la saison. Ils sont capables de bonds étonnants par-dessus la surface quand ils chassent l'otarie à fourrure ou le lion de mer. Leurs comportements sociaux sont complexes – avec des répartitions territoriales, des relations sexuelles plus subtiles qu'on ne croyait, des interactions plus complexes qu'on n'imaginait.

Tout récemment, on a découvert que l'espérance de vie de l'espèce n'est pas d'un quart de siècle, comme on le pensait. L'analyse au carbone 14 du cartilage de leur squelette a montré que le plus vieux sujet testé avait atteint l'âge respectable de… 72 ans !

Oui… Le grand requin blanc vit vieux. Comme le grand dauphin, l'orque, le globicéphale, le cachalot ou les baleines : il peut devenir septuagénaire. Il a le temps d'apprendre – même si son cerveau est bien plus petit que celui des cétacés. Sa longévité est équivalente à celle d'un autre grand prédateur des océans, que nous connaissons bien, peut-être même un peu trop : l'homme.

Destins croisés. Splendeur de l'évolution.

Bonheur dans la mer Mère.

Le sens du mot « respect »

Mission en Polynésie, aux îles Tuamotu, sous l'aile de la sterne Gygis, plus blanche que l'écume de l'océan Pacifique… Dans la passe de Rangiroa, les plongeurs saluent les dauphins tursiops. Au cœur du lagon, surprise ! Des enfants se baignent ; mais pas tout seuls. Ils s'amusent avec des requins ! Ils barbotent au milieu des « Dents de la mer »…

Une douzaine de squales vont et viennent dans un enclos de corail où ils ont été enfermés pour un moment. Les enfants jouent avec eux. Ils rient, ils éclaboussent, ils se bousculent, comme tous les gosses. Ils poursuivent les gros poissons dans l'eau peu profonde. Ils les attrapent par la queue ou les nageoires, ils les chevauchent et se laissent traîner par eux dans l'onde. Nulle crainte. Juste le plaisir de se divertir, comme avec des chiots…

Or il ne s'agit nullement de petits animaux, de demi-portions dans le style des requins-chats ou des roussettes. Ce sont de « vrais » squales, des gros, des sauvages, de 1,50 à 2 mètres de longueur. Corps puissant, grande bouche et dents accérées… Ces animaux appartiennent à deux espèces : celle que les Polynésiens nomment *mauri*, c'est-à-dire le requin à pointes noires (*Carcharhinus melanopterus*) ; et celle qu'ils baptisent *mamaru* ou *torire* selon son âge : le requin de corail (*Triaenodon obesus*).

Les enfants s'ébattent sans aucune crainte avec ceux dont la réputation, ailleurs sur la planète, s'écrit en lettres de sang à la une des journaux. Leur innocence vaut celle de leurs compagnons. Ils ne se doutent même pas que la simple évocation du squale fait frissonner le citoyen de nos cités. Leurs pères et leurs grands-pères leur ont appris à connaître et à côtoyer les « monstres ». Ils leur ont montré comment les observer, les approcher, les amadouer, les manipuler, les comprendre, prévoir leurs réactions, bref vivre avec eux.

Leurs pères leur ont surtout enseigné le sens du mot « respect ». Jamais un pêcheur traditionnel polynésien ne reviendrait à terre sans avoir jeté deux ou trois poissons à la mer, en offrande aux squales qui rôdent près de sa pirogue.

On dit, aux Tuamotu, que le corps des requins sert de refuge à l'âme des humains morts. Non seulement l'homme doit partager les richesses de l'océan avec ceux qui vivent sous la surface ; mais il ne doit pas oublier que, sous la râpeuse peau du squale, se dissimule probablement l'esprit d'un ancien.

Pour les Polynésiens, chaque île elle-même a son âme, qu'on reconnaît à son parfum. Chaque terre possède sa force, constituée par les âmes rassemblées des humains, des oiseaux et des squales. Rien n'est séparé du reste. Il importe de ne rompre aucun lien.

Les peuples du Pacifique disent volontiers qu'ils ont l'« esprit requin ». Nous autres, Occidentaux, avons l'« esprit anti-requin ». Plus généralement, anti-nature. Nous refusons de nous fondre au creuset de la mer, de la terre, du ciel et du vivant. Nous ne voulons pas écouter ce que les autres créatures ont à nous dire.

Nous y perdons beaucoup. Nous y sacrifions notre âme – et notre capacité de nous fondre dans l'harmonie de la nature…

La question du bien et du mal

Nous disons « le » requin, comme s'il n'en existait qu'une seule espèce (alors qu'elles sont nombreuses, de tailles et de mœurs bien différentes) ; comme si le terme cristallisait en une seule image à la fois l'horreur et la magie des grands prédateurs. Comme si, à la limite, il n'y avait au monde qu'un seul squale symbolique, dans lequel seraient contenus et concentrés tous les périls et les fantasmes de la mer…

« Le » requin. Acceptons ce singulier, au moins de façon provisoire…

Le requin fascine l'*Homo sapiens*. Il hante un univers liquide qui nous demeure une énigme. Il est puissant, mais fluide ; consubstantiel à l'eau… Il va vite. Il mord parfois. Il traverse des infinis d'azur, de cobalt et d'aigue-marine. Il possède des organes sensoriels d'une précision prodigieuse, grâce auxquels il donne l'illusion qu'il pénètre le mystère même des choses. Qu'il en connaît les lois cachées.

On jurerait que cet animal relève du sortilège. Qu'il est doté de pouvoirs surnaturels. Bon ou mauvais ?

Son statut culturel et historique est ambigu. Chez nous, aucun doute : il s'assied à la droite de Satan !

Dans le reste du monde, sa réputation n'est pas aussi sombre. Les légendes des peuples marins le tiennent parfois pour un monstre, mais parfois également pour un héros. Il vient, jusque dans les rêves des enfants, accomplir son destin de prédateur impitoyable, revu et corrigé par le sadisme humain. D'un autre côté, il a sur la peau le bleu maternel et l'infinie douceur de l'eau.

Le squale assume le fardeau de nos pensées bonnes ou mauvaises. Il incarne l'inconnu, le mal, la peur, le sang, la mort ; mais aussi l'infinie fascination de l'océan... L'ondulation de sa nage matérialise la splendeur du large, en même temps que la récurrence de nos pulsions criminelles. Nous le chargeons de la noirceur même de nos âmes. En ce sens, c'est le requin *requiem*. Un prince du bizarre né des abysses. Un démon séducteur et fatal. Une créature de Lucifer ou des enfers, quelle que soit la civilisation à laquelle on appartient ou la religion à laquelle on croit.

Il représente à la fois les dents du crime et la paix éternelle de l'eau bleue. Il souligne l'ambivalence de nos comportements. C'est un objet de transfert, au sens psychanalytique du terme.

Le murmure des légendes

Écoutons le murmure des légendes : elles battent dans nos cœurs comme le ressac sur la plage. Elles nous entretiennent parfois du requin amical. La plupart d'entre elles mettent en scène une créature habitée par le mystère de la mort.

Pour les indigènes des îles Tonga et Samoa, le dieu-requin Kauhuhu demeure dans une caverne marine. Pour le défier, un jeune homme plonge dans la splendeur d'un palais de corail orné de perles et de coquillages. On ne revoit plus l'intrépide. Mais, de temps à autre, un requin au sourire plus « humain » que les autres vient se lamenter près d'une plage, en contemplant la beauté des jeunes filles…

Aux îles Salomon, on offrait jadis des sacrifices humains sur un autel de pierre, devant une grotte marine habitée par les squales. Certains de ces animaux étaient censés porter bonheur. On sculptait des amulettes à leur effigie. Tous recelaient l'âme d'un mort, qui s'y était réfugiée.

« Il y a longtemps, raconte un indigène [cité par Richard Ellis, dans *Les Requins*, 1987], un requin naquit du ventre d'une femme. Depuis lors, nous révérons ces créatures, qui ont cessé de nous attaquer dans le lagon. En vénérant les requins, nous honorons nos ancêtres. Nous leur parlons, nous leur offrons des sacrifices. Aujourd'hui, nous ne leur donnons plus d'hommes ! Celui qu'on appelle le « prêtre du requin » tue un cochon, que nous partageons avec les squales. Aucun de ceux-ci ne nous mange, nous n'en mangeons aucun. Ils sont sacrés à nos yeux. »

On raconte, à Hawaii, l'histoire de Kapa'aheo. Les jeunes femmes du village aiment se baigner dans la crique de Kohala, mais certaines d'entre elles y sont mystérieusement enlevées par quelqu'un. Un pêcheur s'aperçoit que, à chaque disparition, un étranger nommé Kapa'aheo marche sur la plage. Les hommes décident de surveiller la crique. Un jour que l'étranger est là, et que les femmes se sont mises à l'eau, on voit surgir du large un énorme requin blanc. Les guerriers combattent le monstre à coups de lances. Le squale, ensanglanté, s'évanouit. Lorsque les villageois tournent leurs regards vers l'étranger, ils le voient allongé sur le rivage, à l'agonie, rouge du sang des blessures infligées par des lances… Le requin et Kapa'aheo forment un seul et même personnage. L'étranger rend son dernier soupir. Un sortilège transforme son corps en une pierre de lave noire, qui gît encore près de l'eau, dans la crique de Kohala…

À Hawaii, encore, on affirme que vivaient autrefois dans l'île d'Oahu la déesse requine Kaahu-Pahau et son frère Queue-Battante. Ces créatures, en réalité deux humains métamorphosés, aidaient les pêcheurs et chassaient les méchants squales, dévorateurs d'enfants. Pour les remercier, de jolies filles et de beaux garçons les rejoignaient, les cajolaient, les embrassaient, les caressaient dans l'eau… Les jeunes gens ressortaient éblouis, en assurant que nulle passion humaine ne rivalise avec l'intensité de l'étreinte amoureuse des requins.

Toujours à Hawaii, lorsque la marine américaine construisit la base militaire de Pearl Harbor, les engins d'excavation mirent au jour des restes d'une enceinte marine d'un hectare, dans laquelle les rois polynésiens faisaient combattre des gladiateurs contre des requins. La tradition rapporte que ces hommes brandissaient une courte lance, avec pour pointe une dent de squale. L'homme qui triomphait du requin-tigre ou du grand blanc recevait l'hommage de tout son peuple… La base navale à peine achevée, tout un quai s'éboula dans l'océan. « La reine des requins se met à nouveau en colère, dirent les autochtones : c'est mauvais signe ! » À Pearl Harbor, ils ne pouvaient formuler plus juste présage.

Le baiser du requin

Dans certains archipels du « grand océan », les hommes pratiquent encore aujourd'hui l'« appel des requins ». Ce rituel magique comporte de nombreuses phases, dont la plus fascinante consiste à entrer dans l'eau et à frapper en rythme sur des accessoires de bois, de feuilles, de cuir, de coquillages, etc. Les pulsations de cette musique concrète attirent les squales, qui entourent les participants et (croit-on fermement là-bas) leur lèguent une partie de leur force.

Aux îles Fidji, les indigènes se livraient naguère à une étrange cérémonie : le « baiser au requin », qui rappelle le « baiser au cobra » auquel se risquent des jeunes filles en Inde. Le père Laplante, missionnaire, assista à la scène en 1938 et la décrivit. Les hommes du village capturent plusieurs grands squales au filet, et les enferment dans un enclos. Des assistants, probablement drogués, renversent les poissons sur le dos. Le candidat à l'initiation doit poser ses lèvres sur le ventre offert. À la stupéfaction du prêtre, les requins « cessent alors totalement de bouger, comme si les hommes avaient acquis un pouvoir occulte ».

En Polynésie française, non loin de Bora Bora, les habitants de Raiatea expliquent pourquoi ils n'ont aucune crainte des squales. Un jour, racontent-ils, la pieuvre géante chargée de surveiller le lagon s'endort. Les requins franchissent la passe et dévorent dix personnes. Le roi de Raiatea, surnommé « Couvert-de-Balafres », appelle au secours son jeune fils, réputé pour sa ruse. L'enfant plonge et affirme à un squale en maraude qu'il a un message urgent pour le roi des requins. Le poisson le prend sur son dos. Le garçon se retrouve devant le souverain des profondeurs, vautré sur un lit d'algues. « Majesté, dit le gamin, la tortue géante vous provoque en combat singulier ! » Le prince des squales affronte la tortue et la mange. « Majesté, reprend le garçon, la pieuvre géante vous défie ! » Fier de sa première victoire, le roi des requins insulte le mollusque. La pieuvre se réveille et accroche quatre de ses bras à un rocher. Lorsque le requin fonce sur elle, elle l'étreint de ses quatre autres tentacules. La bataille fait rage durant sept heures. L'océan est agité d'une épouvantable tempête. Le requin finit par crier grâce. Le garçon lui fait promettre de ne plus jamais autoriser ses semblables à dévorer les habitants de Raiatea. Pacte conclu. Depuis lors, la pieuvre géante s'est rendormie, tandis que les squales et les hommes vivent en paix !

L'étrange Monsieur Poisson

En Mélanésie, le requin est tenu pour un dieu vengeur, qui exige parfois des sacrifices humains ; faute desquels il peut déclencher des cyclones ou des séismes… Mais les humains le révèrent parce qu'il maintient le grand équilibre entre la terre, la mer et l'atmosphère.

Un jour, selon les Aborigènes australiens du parc de Kakadu, le requin-tigre Bangudja attaque l'homme-dauphin, dont le sang répandu se voit encore sur les roches rouges de l'île de Chasm, dans le golfe de Carpentarie. Cette signature écarlate conditionne la paix du cosmos, et constitue un moment essentiel du pacte entre l'homme et la nature, tel qu'il existe au « temps du rêve ».

En Nouvelle-Guinée, on explique comment le légendaire guerrier Mutuk est avalé par un requin gigantesque, puis recraché sur un rivage. Cette mésaventure… digestive rappelle étrangement celle du prophète Jonas de la Bible, gobé puis régurgité par le monstre Léviathan. L'animal fabuleux joue, dans les deux cas, un rôle initiatique.

À Sulawesi (ou Célèbes), il existe une baie aux Requins dans laquelle (dit-on) les squales viennent s'abriter par milliers lorsque la tempête se déchaîne. Quand l'ouragan se calme, un monstre marin ami des pêcheurs, une sorte de licorne à la tête dure comme un écueil et précédée d'une lance d'ivoire, chasse les sélaciens vers le large. Les squales laissent dans leur sillage une force magique qui bénéficie aux humains.

Le requin devient souvent un demi-dieu. Ou un dieu à part entière… Qui l'en prétendrait indigne ?

Sur la côte du Vietnam, les pêcheurs se placent sous la protection de Ca Ong, « Monsieur Poisson ». Il s'agit là d'un requin-baleine colossal, à la gloire duquel les villageois érigent des autels sur le rivage. Et dont ils invoquent la sollicitude chaque fois qu'ils embarquent.

Au Japon, l'un des dieux majeurs du panthéon shintoïste est celui de la tempête. On le nomme « dieu-requin ». Il soulève les typhons quand il se met en rage. Mais le cosmos a besoin de lui, et c'est pourquoi les humains l'implorent.

Sur la côte ouest du Canada, les Indiens tlingits racontaient qu'une femme de leur peuple, enlevée par un squale alors qu'elle pêchait le saumon, devint la reine des requins et se chargea de régler la hiérarchie de l'ensemble des créatures aquatiques : les requins, les orques et les baleines au sommet ; tout en bas, les éponges et les méduses… Des peintures montrent la déesse avec une tête de roussette.

Chez les Inuits (Esquimaux), on psalmodie à la veillée, dans la tiédeur relative de l'igloo, l'histoire de Sedna, dont il existe maintes versions. Un jour, cette fille aux cheveux et aux yeux noirs voulut épouser un oiseau. Son père se mit en rage. Il tua le fiancé, embarqua la malheureuse dans son kayak et la jeta à la mer. Sedna s'accrocha au plat-bord. Pour lui faire lâcher prise, le père lui trancha les doigts un par un. Sedna ferma les yeux et coula. Elle devint la déesse de l'océan. Chacun de ses doigts coupés se transforma en un animal aquatique : baleine, orque, phoque, morue, saumon, requin, etc. Le requin fut chargé de venger la reine de la mer : il alla guetter le mauvais père. Un jour que celui-ci était à la pêche, le squale renversa son embarcation et le dévora. Sedna n'incarne plus, aujourd'hui, une jolie jeune fille du peuple des Inuits. Elle est devenue énorme. Vorace et vêtue d'algues, elle surveille les trésors des profondeurs avec son œil unique, que seul un chaman peut fixer sans être aussitôt métamorphosé en animal marin. Lorsqu'il lui prend la fantaisie de noyer un Inouk, elle envoie un exécuteur sous la banquise : un requin, l'un de ces gigantesques laimargues qui incarnent la figure du destin, à la fois impitoyable et merveilleuse.

La gestation d'un mythe

Notre cerveau enfante des monstres. Le mythe moderne du squale prend naissance à mesure des voyages, des récits des marins, des témoignages des uns, des exagérations des autres – et des fantasmes de chacun.

L'un des premiers auteurs qui donnent corps au thème des « Dents de la mer » est le naturaliste anglais Thomas Pennant. En 1776, ce savant décrit ainsi le grand requin blanc : « Il atteint d'énormes dimensions. On rapporte que, dans l'estomac d'un de ces monstres, on a découvert des corps humains entiers, ce qui est loin d'être incroyable, considérant leur fort penchant pour la chair de nos semblables. »

Nous adorons l'hémoglobine, au moins dans les histoires, les reportages et les contes. Aux XIXe et XXe siècles, la mythologie du requin s'inscrit presque en totalité dans le registre « populaire », sanguinolent, grand-guignolesque, débordant d'hémorragies fatales, de ventres étripés, de membres arrachés, de cœurs dévorés, de têtes tranchées et d'autres cruautés sans nom. Les récits de voyage grouillent de squales obsédés par la chair humaine. Les « sinistres ailerons » suivent les radeaux des naufragés. Les navires sombrent (forcément !) dans des parages « infestés de requins ». Le scaphandrier découvre le coffre au trésor, mais celui-ci est gardé par un sélacien rusé qui sectionne le tuyau d'air et croque le malheureux plongeur avec sa carapace…

Les conteurs et les romanciers s'emparent de ce thème d'épouvante. Le requin devient le prétexte de mélodrames à la sauce aquatique. Les journalistes en rajoutent sur le thème de l'horreur. La copie est facile à rendre : il suffit d'exagérer. On brode à ventre ouvert. On fait gicler des ruisseaux de sang.

Certes, il y a la sublime évocation littéraire des squales, que nous offrent un Herman Melville (*Moby Dick*, 1851) ou un Jules Verne (*Vingt Mille Lieues sous les mers*, 1869), et que tente de retrouver Ernest Hemingway (*Le Vieil Homme et la mer*, 1952). Mais la plupart des textes, des dessins, des films, des bandes dessinées où les requins jouent un rôle, composent un tout venant sensationnaliste, simplissime, infantile, à peine digne de la littérature de colportage ou de ses équivalents modernes : le kiosque de gare ou les réseaux sociaux de l'Internet !

La fascination du mal

Le requin devient prétexte à des délires sadiques. Le niveau de l'hémoglobine monte comme une marée. Concours d'atrocités ! Course à la terreur et à l'invraisemblance ; à ce qui choque mais se vend… Tel est le goût des hommes.

Le roman *Shark! Shark!* (1934), de l'Américain Horace Mazet, entraîne le lecteur dans les aventures d'un certain capitaine Young, obsédé par les « tigres des mers, sauvages et blindés ». C. Hugh Wise (*Tigers of the Sea*, 1937) exalte les « épouvantables périls » de la pêche aux squales, sans jamais pointer du doigt le paradoxe qui veut que les humains sont censés prendre des risques, tandis que ce sont les requins qui meurent.

François Poli (*Les Requins sont capturés la nuit*, 1959) imagine que des Indiens d'une civilisation précolombienne jettent dans le lac de Nicaragua des cadavres chargés d'or, afin d'apaiser la « fureur » des squales. Un rusé Hollandais fait fortune en tuant les poissons et en leur ouvrant le ventre.

L'Américain Mark Twain moque ces niaiseries. Il développe, pince-sans-rire, l'histoire de l'Australien Cecil Rhodes, qui pêcha près de Melbourne un requin vagabond, lequel venait de Londres et avait avalé un journal de la City ; grâce à quoi l'heureux homme fit fortune : il avait appris, avant tout le monde, que les cours de la laine s'envolaient en Europe !

Mais, pour un Mark Twain pétri d'humour, combien de récits lourds, selon lesquels le requin, non seulement sème la mort, mais la « sent », la « devine », la « précède » ? On suppose l'animal « secrètement averti » (par qui ?) lorsqu'on charge un cercueil sur un navire. On prétend qu'il « prévoit » les pestes et les autres épidémies humaines grâce auxquelles il pourra engraisser...

Même pas drôle...

Le requin exerce sur notre espèce une fascination maladive. L'obsession culmine après la Seconde Guerre mondiale, durant laquelle on parle beaucoup des pilotes de la guerre du Pacifique dévorés par les « mangeurs d'hommes », après avoir été abattus au-dessus de l'océan. Les journalistes, non seulement de presse, mais de parole et d'image, quittent les bonnes routes de l'information objective pour se perdre dans les sentiers du délire. La « mort blanche », puisque tel est le moderne surnom du grand requin blanc, focalise nos terreurs et propulse les chiffres des tirages, des entrées dans les salles de cinéma ou des audiences radiotélévisées.

Les photographies du flanc de l'Australien Rodney Fox, bien vivant mais spectaculairement recousu de 462 agrafes à la suite d'une rencontre sans sympathie mutuelle avec *Carcharodon carcharias*, font le tour du monde. Elles enflamment l'imagination des naïfs, dont on sait qu'ils tremblent devant un squale qu'ils n'ont à peu près aucune chance de rencontrer, mais qui rencontrent vingt fois par jour la cigarette qui les tue…

On assiste à des scènes absurdes. Un biologiste se demande, avec la prudence qui sied à sa science, si le boum démographique des lions de mer en Californie peut attirer les squales. Un grand journal traduit à la une : « Les grands requins blancs infestent la plage de Santa Barbara ! » La publicité saisit l'opportunité du frisson qui fait vendre. Les écrivains en rajoutent. Dans *Blue Meridian*, Peter Matthiesen affirme, contre toute réalité zoologique, que le grand requin blanc et le monstre *Procarcharodon megalodon* du tertiaire appartiennent à la même espèce. Il laisse croire que des colosses de 20 mètres, aux dents hautes de 20 centimètres, hantent encore l'océan. Robin Brown projette ses terreurs dans *Megalodon*, roman fantastique où des squales de 60 mètres se jettent sur des sous-marins nucléaires et les croquent comme des crustacés à la carapace un peu résistante.

Le sommet de la crise délirante est atteint en 1974, avec la publication du roman hémoglobine *Les Dents de la mer* (en anglais, *Jaws*, « mâchoires »), de l'Américain Peter Benchley. Le livre connaît un succès phénoménal avant d'être porté au cinéma, l'année suivante, par Steven Spielberg. Maquettes de Bob Mattey… Un nouveau dieu-requin maléfique et brutal, rusé et cruel, plus puissant et plus impitoyable que tous ceux qu'avaient imaginés les peuples du Pacifique, de l'Amérique précolombienne ou de l'Antiquité gréco-romaine, hante désormais la cervelle malléable, crédule et puérile des humains.

Craignons qu'il faille plusieurs générations aux scientifiques, aux conteurs et aux poètes pour rétablir l'humble et sublime vérité d'une lignée de poissons cartilagineux nés des entrailles de la mer voilà plus de quatre cents millions d'années, et auxquels conviennent les mots « innocents sauvages » bien mieux qu'« engeance perfide ».

Mais « Monsieur Poisson », comme l'appellent les Vietnamiens, a le temps devant lui. Nous menaçons son existence, mais il incarne la patience de la mer.

Je parie qu'il nous survivra.

3. « Le » loup
Le fantasme du Petit Chaperon rouge

Le Petit Chaperon rouge…

La fillette innocente, fraîche, tentante, offerte, croquante : un délice pour la bouche. Un fantasme coupable, lorsque celui qui le conçoit avoisine l'âge de la retraite ! Mais une irrésistible proie quand on est « le » loup, et qu'il a d'abord fallu engloutir cette vieille carne de mère-grand…

À l'époque de l'agriculture OGM, de l'industrie et du commerce mondialisés, des paradis fiscaux et de l'Internet farci de publicités ; en un temps où plus de sept milliards d'humains se disputent les ressources et l'espace, tandis qu'ils polluent tous azimuts et infligent d'irrémédiables blessures à la Terre, avec pour horizon le chaos climatique et la guerre nucléaire ; durant ces décennies cruciales pour le destin de notre espèce, le Petit Chaperon rouge hante encore et toujours nos esprits… Le grand méchant loup guette à l'orée du bois. L'enfant finira dans le ventre velu du fauve, et je ne parle même pas du double sens de l'expression « voir le loup » !

Pour la plupart de nos contemporains, et c'est une litote, le loup n'est pas bien câlin. Plutôt rustre et malpoli… Il hurle, il bave et montre les crocs : « Mère-grand, que vous avez de grandes dents ! » Il a les yeux jaunes (ou verts) et cette gueule écarlate qu'on prête au diable… On raconte non seulement qu'il dévore les brebis du berger, mais qu'il attaque les humains, de préférence en bas âge. Il symbolise la bête sauvage dans ce qu'elle manifeste de plus insensible et de plus pervers. Il est la Bête, tout simplement. Pas seulement dans le Gévaudan… Pour nos congénères, et même si la majorité d'entre eux vivent aujourd'hui en ville et ne voient le loup qu'au parc zoologique ou à la télévision, le mythe n'est pas éteint. « Le » loup (ah, ce singulier d'hostilité !) n'est pas notre copain ; même pas un voisin bourru que nous pourrions tolérer. Il représente l'inconnu, l'étranger, le voleur de brebis, le consommateur de chair fraîche, le modèle du méchant, la représentation du tueur en série !

À l'inverse, et quoiqu'il reste à 100 % un loup sur le plan génétique, le chien est devenu notre « meilleur ami ». Bichon, Rex ou Médor ont été métamorphosés, dans leur comportement comme dans leur apparence, par plus de trente mille ans de domestication. La principale conséquence de ces sélections orientées fut de les maintenir au stade émotif et mental du louveteau. Même énorme comme le danois ou le saint-bernard, le chien demeure un bébé loup. Comme ce dernier, il jappe ou il aboie sans jamais hurler, comme il devrait le faire à l'âge adulte (le husky et d'autres races du Grand Nord sont, sous ce rapport, restées plus proches de l'ancêtre). Le chien lèche la bouche de son maître pour lui réclamer à manger – ce qu'il pense être un morceau de viande régurgitée au retour de la chasse. Il se couche en rond sur le tapis du salon, tel le louveteau devant la tanière où il tète encore sa mère, bébé choyé du couple reproducteur de la meute – la louve dominante et le loup *alpha*...

Un statut ambigu

Le loup inquiète l'honnête homme et les enfants auxquels on le présente comme le « Grand Méchant ». Mais il fascine. Il attire. Il séduit. Il trottine en adoptant l'allure souple et efficace de l'athlète au long cours : il avale de 50 à 100 kilomètres dans la journée sans problème. En vedette sur la couverture des journaux ou dans les séries pour la télévision, il est « vendeur ». Lorsque je travaillais au magazine *Terre sauvage*, nous avions enquêté, auprès des jeunes et des adultes, sur les figures animales les plus populaires. Le loup arrivait en tête, à égalité avec le dauphin. Suivait un peloton formé par l'ours, le requin, le chat, le lion, le tigre et le dinosaure. Ce dernier a disparu sans que l'homme y soit pour rien, à cause d'une grosse météorite ; à l'époque, nous n'étions même pas en projet dans les cartons de l'évolution. Tous les autres héros du palmarès (à l'exception du chat) sont aujourd'hui en voie d'extinction : et nous incarnons la cause commune de leur malheur.

« Le » loup possède un statut ambigu. On l'aime, mais on le surcharge de défauts. On adore le détester.

On prend plaisir à se donner des frissons en évoquant ses « méfaits », ses « turpitudes » ou ses « crimes », mais on se désolerait qu'il n'existe plus pour les commettre.

Dans le rôle du héros tragique ou comique, ce dévorateur fantasmatique de fillettes est irremplaçable. Il habite la forêt profonde, dont il aiguise les mystères et les périls imaginaires. Nombre de nos mythes, de nos légendes, de nos musiques, de nos livres, de nos films ou de nos articles de journaux, bref de nos plus nobles créations comme de nos histoires à dormir debout, en font un héros que la tradition ou l'ignorance nous ordonnent de haïr. Il peuple nos rêves, et plus souvent nos cauchemars. Il intervient dans les fables d'Ésope ou de La Fontaine, tantôt pour dévorer l'agneau innocent, occupé à se désaltérer « dans le courant d'une onde pure » ; tantôt pour se poser en parangon de la liberté, lorsqu'il compare son existence affamée, mais sans collier, à celle du chien bien nourri, mais tenu par sa chaîne.

Le loup nous déplaît, mais il nous plaît. Il nous effraie, mais nous aimons qu'il montre les crocs ou qu'il se mette à hurler dans la nuit. Il peut incarner l'Ysengrin pas très malin du *Roman de Renart*, ridicule quand il essaie de pêcher avec sa queue dans l'étang qui gèle. Mais il acquiert plus souvent une épaisseur tragique. Il devient l'ombre furtive, le fantôme du mal, le démon de la nature, dans les livres d'aventures au Grand Nord écrits par Jack London (*Croc-Blanc* ; *L'Appel de la forêt* ; *Belliou la Fumée*) ou James Oliver Curwood (*Chasseurs de loups, Nomades du Nord*). Dans le conte musical *Pierre et le Loup*, de Sergueï Prokofiev, il parle par la voix des cors, dont la sonorité évoque de longs appels modulés sous la Lune. Dans les dessins animés de Tex Avery, il a faim, mais plus encore de sexe que de viande rouge ! En quoi il redevient l'obsédé du Petit Chaperon rouge que, dans le conte, peignent aussi bien Charles Perrault que les frères Grimm…

Le loup dévore l'infortunée gamine après avoir avalé la mère-grand, laquelle ne connaîtra jamais la saveur de la galette et du petit pot de beurre : est-ce bien vraisemblable ? Avant que de répondre à cette question, observons que, dans le texte de Perrault, le panier ne contient pas un « petit pot de beurre », mais « une bouteille de vin » : mamie ne refuse pas un p'tit verre. Ce défaut a été censuré ; le politiquement correct est plus ancien qu'on ne pense. Notons encore que, chez Perrault, l'histoire s'achève par la dévoration complète et définitive des victimes ; le mot « Fin » prépare une digestion. Les frères Grimm édulcorent cette conclusion trop organique en imaginant qu'un chasseur ouvre le ventre du fauve avec son grand couteau, et délivre le Petit Chaperon rouge et sa mère-grand encore vivantes ; un vrai miracle !

Romulus et Remus

Le « vrai » loup de chair et d'os peut-il dévorer la « vraie » fillette, de chair et d'os elle aussi, quoique plus tendre ? C'est une interrogation à laquelle il est raisonnable de répondre par la négative. Le loup ne se nourrit pas de viande humaine ; en tout cas, pas depuis longtemps. Peut-être l'a-t-il fait à l'occasion ; mais à reculons et sans grand appétit – pour ainsi dire, du bout des babines. À moins que, réduit à la famine, il n'ait trouvé un cadavre sur un champ de bataille de la guerre de Cent Ans ou sur une scène de carnage de sa cousine de Trente Ans !

Mais l'idée du loup anthropophage continue de passionner le citoyen – et de faire polémique. Pour les ennemis du prédateur, l'agneau ou l'enfant subissent un sort cruel et l'« assassin » doit être puni – condamné à la peine qu'il a infligée à ses victimes : la mort. Autrefois, le supplice lui était administré à l'arc ou à l'épieu ; puis vinrent le poison et le tromblon ; de nos jours, le fusil à pompe ou (on l'a vu en Russie) la kalachnikov. En France, les lieutenants de louveterie (les louvetiers) ont été officiellement investis de la tâche d'éliminer les canidés sauvages. Ils s'en acquittent depuis plus de mille deux cents ans : leur institution, créée par Charlemagne en 813, n'a toujours pas été dissoute.

Afin d'aborder la question de l'agressivité du loup selon les catégories de la raison, il convient d'en appeler à la biologie, à la zoologie et à l'éthologie, bref à la science, laquelle constitue le seul remède efficace contre le délire ; le seul antidote à l'obscurantisme et à ce qu'on nomme, en franglais, un « *fake* » ou un « *hoax* » ; dans la langue de Molière, un faux ou une rumeur.

Considérons trois propositions proverbiales, et tentons de les discuter avec un minimum de bon sens.

Primo : *homo homini lupus*, « l'homme est un loup pour l'homme ». Il y a du vrai là-dedans ! Je reviendrai sur ce thème philosophique, sociologique et politique.

Secundo : *lupus lupini lupus*, « le loup est un loup pour le loup ». Il semble logique de l'écrire. Les loups mènent leur existence quotidienne en obéissant aux codes de comportement de leur espèce, lesquels ne sont ni aimables ni paisibles. Le coup de dents y tient souvent lieu de règlement intérieur, mais les postures de soumission (la queue entre les jambes, l'arrière-train rabaissé et le regard fuyant) et les demandes de nourriture (codifiées en léchages de babines et en couinements de supplication) désamorcent les pulsions mortifères. Au contraire de ce qui se passe chez les humains, il est rarissime que des bagarres de loups se concluent par le décès d'un combattant.

Tertio : *lupus homini lupus*, « le loup est un loup pour l'homme ». Peut-on l'affirmer ? En a-t-on des preuves ? Certains pensent que oui, ou s'autorisent le frisson d'y croire. Mais il existe des civilisations pour lesquelles le canidé aux grands crocs, loin de tuer et de dévorer les petites filles, incarne notre complice, notre bienfaiteur, notre totem ou notre allié mythologique.

Non sans jubilation, les amis du prédateur nous remémorent l'épisode de la louve romaine. Celle-ci allaite les jumeaux Romulus et Remus et devient ainsi la mère nourricière de la civilisation latine tout entière. Ce n'est pas rien puisque, sous l'apparence de nos coutumes, de nos mœurs, de notre droit, de notre culture et de notre langue, nous tétons toujours le lait de ces mamelles !

Le mot du zoologiste

Le mot français « loup » dérive du latin *lupus* par l'ancien français *leu* ou *lou*. Madame louve et monsieur loup engendrent des louveteaux que, selon leur sexe, on surnomme « loupiots » ou « loupiotes » – deux mots affectueux que nous appliquons aussi à nos rejetons. La locution « marcher à la queue leu leu » rappelle la façon dont ces maîtres de la forêt avancent l'un derrière l'autre, « à pas de loup » (ça va de soi), sur la piste des proies à l'égard desquelles ils éprouvent (forcément) une « faim de loup ».

Le loup du zoologiste se nomme *Canis lupus*, littéralement « chien loup ». L'ambiguïté, vous dis-je ! Cet animal appartient à la classe des mammifères, à l'ordre des carnivores et à la famille des canidés, dont font aussi partie les coyotes (*Canis latrans*), les renards (sept genres, une vingtaine d'espèces : renard roux, isatis, fennec…), les chacals (huit espèces), le loup de Magellan (*Lycalopex culpaeus*), le loup à crinière (*Chysocyon brachyurus*) ou le loup des Falkland (*Dusicyon australis*), aujourd'hui éteint.

Le loup gris d'Eurasie et d'Amérique du Nord (*Canis lupus lupus*) incarne la sous-espèce la plus commune. On en a identifié d'autres : les loups de Russie (*Canis lupus communis*), de Sibérie (*C. l. albus*), d'Arabie (*C. l. arabs*), du Canada (*C. l. occidentalis*), blanc de l'Arctique (*C. l. arctos*)… Le loup rouge de Floride (*Canis rufus*) serait un hybride de loup et de coyote. Le loup de l'Est américain (*Canis lycaon*) forme une espèce à part, comme ceux de l'Inde (*C. indica*), de l'Himalaya (*C. himalayensis*) et de l'Éthiopie (*C. simensis*).

Les plus vieilles traces de la domestication du loup, c'est-à-dire de l'apparition du chien (*Canis lupus familiaris*), remontent au paléolithique – à l'époque de l'homme de Cro-Magnon. Elles sont vieilles de trente mille ans. Nos ancêtres ont recueilli et élevé des louveteaux pour le plaisir de les câliner, davantage que pour les services qu'ils pouvaient en espérer. L'utilité de ces animaux sociables et obéissants est apparue peu à peu. Nos aïeux en ont d'abord fait des auxiliaires de chasse et des défenseurs de leurs camps. Après la domestication de la brebis, de la chèvre et de la vache, qui a commencé au néolithique, voilà dix mille ans, ils ont eu besoin de gardiens pour leurs troupeaux. Depuis lors, au fur et à mesure des sélections (le plus souvent dans un but esthétique ou récréatif), l'homme a prodigieusement diversifié la dégaine de son « meilleur ami ». Il existe aujourd'hui quelque 400 races de chiens, avec des variations de taille, de forme, de couleur, etc., proprement ahurissantes, du minuscule chihuahua au gigantesque danois, en passant par le caniche, le basset, le lévrier, le bouledogue, le pitbull, le chow-chow ou le berger allemand… Le chien chanteur de Nouvelle-Guinée (*Canis lupus hallstromi*) et le dingo d'Australie (*Canis lupus dingo*), jadis domestiqués par les Papous et les Aborigènes, sont retournés à la vie libre. Le chien sauvage d'Asie, ou dhole (*Cuon alpinus*), peut se montrer agressif, y compris envers l'homme, dans les campagnes. Le chien sauvage d'Afrique, ou lycaon (*Lycaon pictus*), désigne un chasseur de la savane sociable et rusé, hélas menacé d'extinction.

Le loup combine la force et l'élégance. La femelle de l'espèce pèse entre 15 et 50 kilogrammes, le mâle entre 20 et 70 – pour une hauteur au garrot de 66 à

82 centimètres. Tous les individus ne sont pas gris : la double fourrure, épaisse et isolante, s'assombrit parfois jusqu'au noir ou s'éclaircit jusqu'à la neige – ce qui reste rare, d'où la locution « être connu comme le loup blanc ». L'animal possède soixante-dix-huit chromosomes (que le chien a gardés) et quarante-deux dents. Les crocs atteignent de 6 à 7 centimètres de longueur. Lorsqu'elle se referme, la mâchoire exerce une pression de 150 kilogrammes par centimètre carré : c'est l'une des plus puissantes qui existent chez les carnivores actuels.

Le loup, ce chasseur parfait, dispose d'organes sensoriels performants. Il compte sur son odorat subtil, dont le chien a hérité. Il a l'ouïe fine : dans les aigus, son champ acoustique grimpe à 40 000 hertz (20 000 pour l'homme) ; et il entend les hurlements d'un congénère à 10 kilomètres. Il voit bien, et même mieux que nous en faible lumière. Sa rétine (comme celle du chat ou du requin) comporte une sous-couche de cellules réfléchissantes, le *tapetum lucidum* : ce « tapis miroir » améliore les performances de l'œil et le rend phosphorescent quand on l'éclaire la nuit.

Le billet de l'éthologiste

Pour évaluer le « danger » que représente le loup pour les humains ou leurs troupeaux, mieux vaut en savoir davantage sur son comportement individuel et collectif ; sur ses habitudes et ses mœurs ; on dirait, en parlant d'un loup philosophique, sur sa façon « d'être-au-monde »...

Le loup incarne une espèce sociable. Pas plus que l'homme, il ne peut vivre seul. Il a besoin de congénères, qu'il assiste en retour. Il compose des bandes, des meutes plus ou moins nombreuses, dont l'effectif dépend des ressources alimentaires locales, c'est-à-dire du nombre de proies disponibles dans le territoire que contrôle le groupe. D'ordinaire, la meute rassemble entre une demi-douzaine et une douzaine de sujets ; mais on en connaît de plus de trente dans le Grand Nord.

La cheville ouvrière ou le pivot de cette communauté soudée, solidaire dans la vie quotidienne comme dans les coups durs, est un couple dominant qu'on appelle la louve et le loup *alpha*. Cette « cheffe » et ce « chef », fidèles l'un à l'autre jusqu'à ce que la mort les sépare, se font aider dans leur mission reproductrice par divers parents plus ou moins proches : frères, sœurs, oncles, tantes, etc. Le couple dominant est le seul à avoir le « droit » de copuler et de transmettre ses gènes : c'est son privilège. Les autres adultes se trouvent sexuellement inhibés par les phéromones des *alpha*, mais aussi par leurs menaces à la moindre tentative de transgression. Les loups dominés, strictement hiérarchisés entre eux (depuis les « barons » jusqu'à l'individu rejeté au rang le plus bas : l'*oméga*), participent sans rechigner à la vie collective. Ils chassent de concert, se partagent les proies en fonction de leur rang social et nourrissent les bébés du « roi » et de la « reine » en régurgitant de la viande. Au nombre de un à sept par portée, les louveteaux pèsent de 300 à 500 grammes à la naissance, et commencent par téter durant quelques semaines le lait des cinq paires de mamelles de leur mère. Après quoi, ils sont sevrés et grandissent en jouant, surveillés, protégés, alimentés et éduqués par toute la meute. Cela signifie, *primo*, que les loups assurent avec efficacité la survie de leurs jeunes ; mais, *secundo*, qu'ils se multiplient lentement. Avec un seul couple fertile par meute, ils ne « prolifèrent » nulle part, au contraire de ce qu'on entend dire ou de ce qu'on lit dans des communications dont la science ne constitue pas le souci principal.

Lorsqu'un couple de jeunes adultes éprouve l'irrésistible désir de s'émanciper et de filer le parfait amour, il quitte la meute, sort du territoire et va chercher fortune sous d'autres cieux. Tous les jeunes adultes n'ont pas le désir ou le courage de tenter l'aventure : le retour à la maison est interdit ; chez les loups, les enfants prodigues ne sont pas accueillis dans la liesse… Le voyage est rempli d'aléas et de périls. Obtenir le droit de se désinhiber sexuellement, c'est-à-dire de fonder sa famille et de transmettre son patrimoine génétique, constitue un défi au cours duquel nombre de candidats perdent davantage que l'honneur : la vie !

L'une des conséquences de cette structure sociale particulière est que les loups sont, pour ainsi dire, naturellement conquérants. Ceux d'entre eux qui, malgré le danger, partent quêter l'Eldorado doivent poser la patte sur un territoire propice et nouveau, à la fois riche en nourriture et libre de tout congénère… Si le lieu se révèle favorable, les « colons » s'installent, copulent, élèvent leurs premiers bébés et constituent, année après année, leur meute « à eux ». De laquelle, un jour, se sépareront d'autres risque-tout… C'est ainsi que l'espèce gagne du terrain. C'est selon ce processus que, par vagues, le loup italien rescapé dans les Abruzzes a gagné la Ligurie et l'Argentera ; puis, en franchissant la frontière, a colonisé le massif du Mercantour à partir de 1992 ; avant de reconquérir, en une vingtaine d'années, pratiquement la moitié du territoire français – jusqu'aux Ardennes belges…

Le tabou du meurtre

Les loups se parlent. Ils communiquent. Ils échangent des informations ou partagent des émotions grâce à une panoplie de signaux qui ont valeur de langage et sont fondés pour certains sur le geste (la vue), pour d'autres sur la chimie (l'olfaction), pour d'autres sur le son (l'ouïe).

Les membres de la meute adoptent des postures dont leurs congénères perçoivent la signification (et que les louveteaux apprennent vite). Nous saisissons, nous aussi, le sens de ces messages, car les chiens en ont conservé l'usage. La colère ou l'agressivité se traduisent par un retroussement des babines et une menace crocs dehors (avec un fond sonore de grognements). La peur ou la soumission induisent des postures tout aussi éloquentes : les oreilles aplaties en arrière, l'arrière-train abaissé, la queue entre les jambes… Au contraire, la domination s'exprime au moyen d'une paire d'oreilles résolument dressées sur une tête portée haut et une queue levée à la verticale sur les fesses… L'acte de soumission le plus démonstratif consiste, à la suite d'une bagarre perdue, à se coucher sur le dos et à offrir au vainqueur son ventre ou sa gorge. Le gagnant pourrait, d'un coup de mâchoires, étriper le perdant ou lui trancher la jugulaire. Il ne le fait pas. Il bloque son attaque et laisse le vaincu repartir la queue basse. L'évolution a distillé jusque dans les gènes de *Canis lupus* un puissant « tabou du meurtre ». Cette inhibition sert l'espèce. De violentes disputes éclatent au sein de la meute ; mais le groupe ne peut pas se permettre de perdre des guerriers (ou des guerrières !) s'il veut survivre...

Notons, ici, que le tabou du meurtre (« Tu ne tueras point ! ») figure dans la Bible parmi les Dix Commandements, mais qu'il paraît bien mieux respecté par les loups et les autres prédateurs que par l'*Homo sapiens* ! Ce dernier se gargarise d'incarner une créature altruiste, morale ou religieuse, mais ne cesse de commettre des crimes crapuleux ou passionnels, quand il ne part pas pour la guerre la fleur au fusil et la baïonnette au canon, afin d'anéantir le plus grand nombre possible de ses semblables...

En langage de loup, les messages chimiques ne sont pas moins utiles que ceux des postures. Les chiens ne les ont pas oubliés non plus... Les canidés marquent leur territoire ou informent sur leur état hormonal en utilisant leurs selles ou leurs urines : le mâle lève la patte, la femelle s'accroupit. Ces animaux se frottent aux arbres ou aux pierres, et y laissent les sécrétions parfumées des glandes de leurs joues ou de leur zone génito-anale. En grattant le sol ou les souches avec leurs pattes, ils font également renifler à leurs semblables le parfum des glandes situées entre leurs coussinets plantaires.

Le langage sonore est si varié, si complexe, si étrange et si prenant qu'on a plutôt envie de parler à son sujet d'une musique... Non seulement les loups hurlent, mais (selon l'âge et les circonstances) ils glapissent, gémissent, geignent, se plaignent, grondent, grognent, jappent ou aboient... Les longs hurlements modulés qu'ils adressent, dirait-on, à la lune ou aux étoiles, sont évidemment envoyés à leurs congénères. Ils sont destinés aux membres de la meute, qu'ils interpellent pour une chasse, ou plus généralement pour renforcer la cohésion du groupe. Ils renseignent aussi les autres meutes de la contrée, auxquelles ils livrent un avertissement territorial : « N'avancez pas davantage, vous vous approchez de la frontière et nous n'avons pas peur ! » Ces hurlements-là nous semblent participer d'une magie, d'une légende ou d'une mythologie. Ils montent dans l'air froid de la nuit, se répondent, se confortent, se complètent, s'entrelacent. Sur le plan musical, ils incluent un grand nombre d'harmoniques, de sorte qu'un petit nombre de loups en train d'émettre donnent l'illusion qu'ils sont des dizaines à chanter.

Chasseurs opportunistes

Les loups sont carnivores. Ils chassent en meute et sont passés maîtres dans l'art de choisir leur victime, la plus faible (blessée, malade, trop jeune ou trop vieille) du troupeau d'herbivores qu'ils harcèlent. Ils isolent leur cible en faisant diversion pour éloigner les congénères qui viendraient à sa rescousse. Ils la poussent vers des complices tapis en embuscade. Ils l'attaquent en groupe, la font tomber et la mettent à mort, moins vite et moins « proprement », hélas, que ne le souhaiteraient les âmes sensibles.

Les loups préfèrent s'en prendre aux grands ongulés : rennes (caribous), cerfs de toutes espèces, mouflons, chevreuils, daims, chamois, etc. Ils osent parfois s'attaquer aux plus puissants des ruminants : l'élan (l'orignal) ou le bison (d'Europe ou d'Amérique) ; mais les risques de telles entreprises (coups de sabot ou de corne) sont loin d'être nuls, même en unissant les efforts d'une escouade de chasseurs intrépides !

Les grandes proies ne sont pas si nombreuses. Lorsqu'elles manquent, les grands canidés se satisfont de la chair de bien d'autres espèces : sangliers, tétras, oies, canards, perdrix, renards, lièvres, marmottes, rongeurs, etc., voire reptiles, batraciens ou insectes. Les loups sont opportunistes. Dans le Grand Nord, certains d'entre eux adoptent, durant de longs mois, le régime « lemmings » : ces petits rongeurs pullulent et sont assez faciles à capturer ; ils offrent une chair riche en graisse, donc parfaite pour reconstituer les forces d'un *Canis lupus* amaigri par l'hiver, et lui permettre d'aborder la prochaine saison froide dans un état satisfaisant. À la fin de l'été et en automne, certaines meutes se spécialisent dans la pêche aux saumons qui remontent les rivières, comme le font aussi les ours bruns. Ailleurs, et parce qu'ils sont gourmands, les loups se régalent de petits fruits (framboises, myrtilles, airelles, mûres…), qui complètent utilement leur ration en y ajoutant des sucres et des vitamines.

Lorsque la chasse a été bonne, et s'il fait partie des dominants de la meute (premiers servis...), le loup adulte est capable d'engloutir 4,5 kilogrammes de viande en un seul repas. Mais le prédateur peut aussi jeûner durant une semaine sans en faire un drame – tout en parcourant des dizaines de kilomètres chaque jour, le ventre vide, dans l'espoir de le remplir à un moment ou à un autre...

Bien entendu, « le » loup ne dédaigne pas l'agneau de la fable de La Fontaine, ou le mouton de l'éleveur dans la montagne. Plus faciles à attraper que le mouflon, le chevreuil ou la biche ! En règle générale, le prédateur ne tue que ce qu'il a l'intention de manger. Il n'a pas les yeux plus grands que le ventre. Mais il lui arrive d'être emporté par un délire sanguinaire, et d'égorger plusieurs bêtes d'un troupeau dont les réactions de panique exacerbent son instinct de tueur...

Une concurrence préhistorique

Le dossier « loup » est chargé. Chargé jusqu'à la gueule. Irrationnel. Passionnel ! Attaques de bétail, vagabonds égorgés, bûcherons dévorés, enfants volés, troupeaux saignés ou poussés dans le précipice par le « fauve assoiffé de sang »... Tout a été dit ou écrit sur ce sujet, le réel et le possible comme l'incroyable et le fantastique. Où est le vrai ? Où est le faux ? Qui tue qui ? Lequel, de l'homme ou du loup, menace l'autre dans sa chair ?

Les ancêtres du loup et des carnivores paraissent sur le globe voilà environ cinquante millions d'années, à l'ère tertiaire (au paléogène). L'aïeul commun du coyote et du loup est plus récent. Baptisé *Canis lepophagus*, il chasse sur le continent nord-américain au miocène, il y a une dizaine de millions d'années. Le loup moderne en procède, voilà, environ 1,8 million d'années (en un temps où l'*Homo* est encore *erectus*, en Afrique orientale) : cet animal passe de l'Amérique du Nord à l'Asie par le détroit de Béring (pris par les glaces), avant de se diversifier en Eurasie, puis de refranchir le détroit de Béring en sens inverse durant les dernières glaciations (l'*Homo* étant devenu *sapiens*), et enfin de reconquérir l'Amérique du Nord sous les formes que nous connaissons.

La concurrence entre *Canis lupus* et *Homo sapiens* débute au paléolithique. Il n'est pas impossible qu'à cette époque la population totale des humains sur la Terre – quelque dix millions de sujets – soit à peu près la même que celle des loups. Eux et nous présentons bien des points communs. Nous sommes, oserais-je dire, pétris des mêmes ingrédients. Nous incarnons des mammifères sociaux et rusés. Des chasseurs cueilleurs intelligents et bien organisés… Nous vivons en bandes, en meutes ou en clans, comme on voudra. Nous prenons soin de nos petits et nous visons les mêmes proies – de préférence les grands ongulés, mais aussi de petits mammifères, des oiseaux, etc. Nous ne sommes pas difficiles. Tout nous fait ventre. Lorsque nos chemins se croisent dans la nature (eux à la queue leu leu, nous en file indienne !), nous nous évitons autant que possible. Mais il arrive qu'éclatent des conflits de territoire ou de prééminence. Nous nous affrontons. Le sang coule.

Il se peut, à l'inverse, que nous recueillions un bébé de l'espèce opposée : ainsi débute le processus de domestication du loup, qui se change en chien. Il n'est pas non plus inimaginable qu'un bébé humain soit adopté par une meute de grands canidés : les enfants-loups ne sont nullement une légende. Les aventures de Mowgli, racontées par Rudyard Kipling dans *Le Livre de la jungle* (deux volumes de nouvelles parus en 1894), sont romancées et taillées pour plaire au jeune (ou au moins jeune) public. Le dessin animé que les studios Walt Disney en tirent, en 1967, n'améliore pas leur crédibilité... Mais on dispose de témoignages plus scientifiques, telle l'histoire de Victor, l'enfant de l'Aveyron, ce gamin sauvage qui marche à quatre pattes et ne parle pas, et qu'on confie au médecin Jean Itard. Ce dernier décrit le cas en 1806, dans un passionnant rapport dont s'inspire François Truffaut pour son film *L'Enfant sauvage* (1970)...

La guerre entre l'homme et le loup devient inévitable lorsque l'*Homo sapiens* invente l'agriculture et l'élevage, lors de la période du néolithique, laquelle commence voilà environ dix mille ans, à la fin de la dernière glaciation (dite de Würm), et dure jusqu'à l'Antiquité... En ce temps-là, nos ancêtres apprivoisent puis domestiquent une série d'animaux, notamment la vache (issue de l'aurochs), la chèvre (descendante de la chèvre aegagre) et la brebis (née du mouflon oriental). À partir du moment où l'homme invente la profession de berger (puis celles de marchand de lait, de fromager, de boucher, de charcutier, de tisseur de laine, de mégissier, etc.), il veille sur ses troupeaux et refuse d'imaginer que son travail finisse dans l'estomac d'un gourmand flemmard aux poils rudes et aux dents longues. Les relations se tendent, puis se gâtent et ne relèvent bientôt plus que du conflit. La guerre est déclarée. Les sociétés pastorales organisent leur défense contre le prédateur et veulent éliminer « le » loup de façon systématique. On piège l'animal dans des fosses, on l'étrangle dans des lacets, on le traque, on l'enfume dans sa tanière, on le transperce d'épieux, on le crible de flèches.

Le seul bon loup est un loup mort

Désormais, le seul bon loup est un loup mort, comme les cow-boys américains le diront des Indiens en leur volant à la fois la terre et la vie…

Jusqu'à l'Antiquité, les affrontements restent rares. Les humains tuent des loups dans la forêt. Il est plus inhabituel (mais pas impossible) que l'inverse se produise. Les continents sont immenses, les milieux sauvages regorgent de proies, les carnivores ne visitent qu'à l'occasion les pâtures ou les enclos des bergers. Mais les territoires de l'homme et des prédateurs (non seulement le loup, mais l'ours ou le lynx ; ailleurs, le lion, la panthère ou le tigre) se chevauchent de plus en plus largement. Des querelles de frontière se déclenchent. Des rencontres dégénèrent.

L'Antiquité se déroule sous le régime de la paix armée, souvent violée. Mais les escarmouches affectent peu l'équilibre des forces. Sur le globe, le loup gris et ses sous-espèces occupent une aire géographique immense, qui inclut la totalité de l'Amérique du Nord et de l'Eurasie (à l'exception du sud de la Chine et de l'Indochine) ; sans oublier l'Afrique du Nord…

Au Moyen Âge, cet équilibre bascule en faveur des humains. La diminution des populations de loups s'accélère. Le défrichement des forêts (auquel les moines participent de façon active, tant en Occident qu'en Orient), la mise en culture des terres conquises sur la sylve primaire et l'expansion des civilisations rurales, avec leurs bourgades, leurs hameaux et leurs chemins : tout augmente le nombre de contacts entre les clans d'*Homo sapiens* et les meutes de *Canis lupus* – en général, au détriment des secondes. Charlemagne crée le corps de la louveterie dans son empire. Partout, les monarques, les aristocrates ou les bourgeois offrent des récompenses à ceux qui tuent les « fauves » par quelque moyen que ce soit : trappe, fosse, lacet, épieu, piège à mâchoires, vol de louveteaux à la tanière, etc. Les armes les plus sophistiquées de l'époque se déploient : non seulement les arcs et les flèches, mais les arbalètes, bientôt les arquebuses.

Les effectifs de loups s'effondrent en Europe occidentale et méridionale, en Scandinavie, en Russie, dans les Balkans, en Asie Mineure, en Iran, en Inde, en Chine du Nord… Les prédateurs se trouvent confinés dans les forêts résiduelles, les montagnes, les vallées perdues. À la fin du Moyen Âge, pour un saint François d'Assise qui compose une invocation à son « frère loup », on ne compte plus les appels au massacre. « Le » *leu* devient l'ennemi public. On réclame l'éradication de ce « monstre », de cet allié du démon, de ce suppôt de Satan qu'on imagine aussi cruel et lubrique que le prince de l'Enfer même. Le XVIe et le XVIIe siècle en rajoutent au chapitre de la diablerie et de la sorcellerie : le temps de la bête du Gévaudan est aussi celui des bûchers de sorcières et de la Sainte Inquisition. Le loup n'est jamais loin du péché, surtout du péché de chair. Le devoir du chrétien, noble ou manant, consiste à éliminer le « maudit », non seulement parce qu'il dévore la brebis ou le Petit Chaperon rouge, mais parce qu'il porte en lui les feux de la damnation.

Le siècle des Lumières mérite son nom quand on est philosophe ; moins quand on est loup ! Nonobstant l'esprit de tolérance voltairien, le carnage continue en Europe. Il s'intensifie en Amérique du Nord, où les colons espagnols, français et anglais se disputent le territoire, mais s'entendent sur l'urgence de le « nettoyer » à la fois de ses premiers occupants humains et de ses « bêtes sauvages ». Du Québec à la Californie et du Mexique à la Floride, les trappeurs piègent les animaux à fourrure, les éleveurs de bétail et les céréaliers s'installent, les cités s'agrandissent. Les prédateurs de la forêt ou de la prairie ne sont plus tolérés, et cet arrêt de mort vaut non seulement pour les loups, mais aussi pour les ours (bruns ou noirs), les coyotes, les lynx et les couguars (ou pumas), sans oublier les aigles et les alligators. Sans omettre, non plus, les bisons, qui sont herbivores mais présentent plusieurs défauts : être gros, têtus, migrateurs, difficiles à domestiquer et indispensables à la survie des Indiens.

À la fin du XIXe siècle, la situation devient encore plus complexe pour les grands canidés. L'agriculture mécanisée, l'industrialisation rapide, l'urbanisation galopante, le développement des routes et des chemins de fer : tout contribue à réduire les espaces disponibles. Or un nouveau motif de haine s'ajoute aux précédents : la hantise de la rage. Les canidés sauvages (le loup, le renard), mais aussi d'autres espèces, y compris domestiques (le chien, le chat), propagent le virus de cette épidémie mortelle. Mais le loup prend tous les coups. Louis Pasteur découvre le vaccin contre la maladie ; pour *Canis lupus*, ce progrès médical ne change rien.

Les lieutenants de louveterie (en France) ou leurs alter ego étrangers redoublent de zèle. Ils utilisent le fusil, mais aussi l'appât empoisonné à la strychnine. Les primes attribuées aux tueurs de loups « civils » sont attractives : l'équivalent d'une journée de travail d'ouvrier pour la destruction d'un mâle, le double ou le triple pour une femelle pleine. À condition de remettre aux autorités la tête du « trophée » munie de ses deux oreilles…

En France, la loi du 3 août 1882 couronne l'édifice anti-loup : elle exige l'éradication complète de l'espèce sur le territoire national. Les primes sont quintuplées, voire décuplées. En 1883, pas moins de 1 300 « fauves » sont anéantis, et un millier durant chacune des trois années suivantes. Mais ce sont presque les derniers… On en détruit encore quelques centaines jusqu'en 1900, avant de constater qu'il n'en existe quasiment plus dans les sylves de ce que Jules César baptisait la « Gaule chevelue ». La France compte encore quelque 5 000 loups au début du XIXe siècle : il lui en reste dix fois moins en 1900. Le dernier loup abattu et officiellement « primé » dans le pays expire en Auvergne, dans le

Cantal et la commune de Saint-Jacques-des-Blats (près du Lioran), le 25 mars 1927. Le « problème » semble « résolu », même si l'on abat encore un animal dans le Limousin en 1937 et deux (venus d'où ?) près de Grenoble, en 1954.

Partout dans l'hémisphère Nord, le massacre est le même. Aux États-Unis, la population de loups était comprise entre 400 000 et 500 000 au XVIIIe siècle : elle s'effondre jusqu'à moins de 1 000 en 1970 – date à laquelle l'animal n'est plus présent que dans trois États : Michigan, Minnesota et Alaska. La situation est un peu meilleure au Canada. En Russie, quelque 1,5 à 1,8 million de loups passent de vie à trépas entre 1922 et 1992. La Grande-Bretagne et l'Allemagne finalisent la question de façon radicale : *exit lupus*. Au début de la Seconde Guerre mondiale, les hurleurs à la lune ont disparu de toute l'Europe occidentale, à deux exceptions près : l'Espagne (il en reste dans les monts Cantabriques et dans la Sierra Nevada) et l'Italie (on en trouve dans les Abruzzes). Ces deux pays protègent ce qui subsiste des populations indigènes de l'espèce. Ce faisant, ils préservent l'honneur d'un continent !

Manger l'homme

Le loup mange-t-il l'homme ?

Il a sûrement goûté notre chère chair. Je ne crois pas qu'il l'ait appréciée : nécessité fait loi, mais le plaisir gastronomique, c'est autre chose… De toute évidence, *Canis lupus* a englouti des cadavres d'*Homo sapiens* trouvés ici ou là, plutôt qu'il n'a commis des assassinats pour se procurer ses dîners. Les corps humains disponibles au titre de la charogne ne manquent pas, spécialement en période de guerre ou de révolution. Dans ces circonstances, *Homo* tue *Homo* avec un bel enthousiasme, du moins avec le sentiment de l'urgence et (lorsque ça marche) la satisfaction du devoir accompli. Les guerriers ramassent rarement tous leurs morts pour leur offrir une sépulture. Après la bataille, une partie de la viande des héros reste à la disposition des rôdeurs.

En Europe, la période la plus faste pour les carnassiers recycleurs de charogne est la guerre de Cent Ans. D'autres convulsions sont précieuses pour la quantité de corps humains qu'elles provoquent, telles les guerres de Sept et de Trente Ans. La sale réputation du « loup mangeur d'hommes » se forge, pour l'essentiel, durant ces événements abominables. Les massacres de la Terreur, sous la Révolution française, fournissent leur lot de protéines d'origine anthropique. Les guerres napoléoniennes constituent une autre aubaine : la viande à canon est servie gratuitement aux cantines d'Austerlitz ou de Waterloo. Le grand restaurant des conflits interhumains ressert les plats lors des guerres de 1870 et de 1914-1918. Puis en Union soviétique, à l'occasion de la Terreur rouge et des famines organisées par Staline en Ukraine ; sans parler des trop-pleins du goulag en Sibérie… La liste est longue à rédiger. La différence entre le Moyen Âge « barbare » et notre époque « civilisée » ne réside pas dans le fait que l'homme moderne tue moins ses semblables que son aïeul, mais dans le fait qu'il a supprimé *Canis lupus* du processus de recyclage.

L'historien et essayiste Jean-Marc Moriceau, de l'université de Caen, s'est passionné pour la question des attaques de loups contre les humains. Non seulement il a étudié la dévoration des cadavres de nos congénères assassinés par nous-mêmes et relaté les épisodes dans lesquels des loups impliqués avaient la rage, mais il a également recensé les cas d'attaques réelles, prouvées ou probables. Il a établi le registre des agressions des prédateurs contre notre espèce en tant que carnivores dignes de leur réputation, oserais-je dire avec l'étiquette du tueur en série conscient de ses responsabilités… Dans ses ouvrages (*Histoire du méchant loup*, *L'Homme contre le loup*, *Sur les pas du loup*…), Jean-Marc Moriceau s'appuie sur les archives paroissiales et communales, et montre à quel point la vision du « fauve » s'est transformée dans nos esprits. Durant des siècles, le loup a été haï. Il a joué le rôle de l'ennemi juré, du pervers à l'œil torve et aux babines rougies par l'hémoglobine. Il devient le symbole des espèces en danger, de la biodiversité en péril, de cette Terre abîmée qu'il nous faut épargner. Il fut la bête immonde, le voilà bon sauvage !

Les attaques de loups contre des hommes, dont rend compte Moriceau, ne sont pas bien nombreuses. *Grosso modo*, en France, depuis la Renaissance jusqu'à la fin de la Première Guerre mondiale, le chercheur dénombre 1 100 agressions mortelles, plus ou moins suivies de dévoration. En quatre siècles, cela donne une moyenne de trois décès d'humains par an. On est loin de l'holocauste ou du carnage parmi les rangs des petites filles et des mères-grands !

Certaines scènes « gore », rapportées par l'historien ou d'autres chroniqueurs, pourraient faire dresser les cheveux sur la tête si elles n'étaient douteuses. Parmi les « témoignages » figure celui du journaliste français Louis Viardot. Ce dernier raconte, dans ses *Souvenirs de chasse* (1846), que lors de la campagne de Russie de 1812, un groupe de quatre-vingts soldats de la Grande Armée furent attaqués par une mégameute de 200 à 300 loups, et que tous furent dévorés sans qu'il en reste rien. Le problème est que Viardot précise qu'il n'a pas assisté lui-même au drame, mais qu'il l'a appris de quelqu'un qui le tenait de quelqu'un de fiable. L'homme qui a vu le loup, qui a vu le loup…

Une timide protection

La question des attaques de loups contre les hommes continue de faire polémique. Mais de moins en moins… Au Canada et en Russie, dans les deux pays qui hébergent les plus importantes populations de l'espèce (tout est relatif), on n'a signalé aucun incident de ce genre depuis des décennies. Au Canada, une prime est même offerte à quiconque pourra prouver qu'une agression a eu lieu : nul n'a jamais réclamé les dollars… En revanche, des ours noirs et des grizzlys s'en sont récemment pris (je reviendrai sur leurs motifs) à des campeurs ou à des randonneurs.

Nous autres, *Homo sapiens*, et même *sapiens sapiens* (deux fois sages ; d'autres diraient *sapiens destructor* ou *sapiens pollutor*), sommes devenus les rois de la planète. Nous dominons toutes choses. Nous imposons notre tyrannie aux végétaux et aux animaux – à moins que cette puissance ne soit illusoire ! Nous paierons cette folie des grandeurs, cette avidité, ces pulsions de domination et de territoire. Elles nous priveront d'eau douce, de terres fertiles, de forêts, de mer, de nourriture, de matières premières, d'énergie. Elles nous conduiront à la guerre, qu'elle soit fraîche et joyeuse ou chaude et malheureuse !

J'ai posé la question plus haut : pouvons-nous (le philosophe peut-il ?) affirmer qu'*Homo homini lupus* ? Que « l'homme est un loup pour l'homme » ? Je le crains ! Ce n'est pas un hasard si peu de proverbes ont eu un tel succès... *Homo homini lupus*... La première occurrence de cette sentence se trouve chez le Latin Plaute, dans la pièce *Asinaria* (*La Comédie des ânes*, vers 195 av. Jésus-Christ : « Pour qui ne le connaît pas, l'homme est un loup pour l'homme. »). Érasme reprend la formule dans son *Recueil de proverbes* ; puis Rabelais dans le *Tiers livre* (chapitre 3) ; puis Montaigne dans les *Essais* (livre III, chapitre 5) ; puis Agrippa d'Aubigné dans les *Tragiques* (Livre I) ; puis Francis Bacon dans le *Novum Organum* ; puis Thomas Hobbes dans le *De cive* : mais elle ne figure pas dans le *Léviathan* de ce philosophe, dont tout le monde croit pourtant qu'elle constitue le résumé.

L'homme est un loup pour l'homme. Mais pourra-t-il, un jour, cesser d'être un homme pour le loup ? S'il parvenait à se montrer moins agressif, moins cruel et moins ingrat envers les prédateurs, et de façon générale envers la nature, il pourrait (je le crois) calmer les pulsions meurtrières qu'il fomente contre lui-même. Au XXIe siècle, le temps des « bêtes sauvages » et des « fauves assoiffés de sang » est révolu. Nous ne craignons plus les « créatures » qui rôdent dans la forêt, la jungle ou l'océan. Nous savons bien que les seuls « grands méchants » qui nous menacent de mort sont aux commandes d'une kalachnikov, d'une ceinture d'explosifs ou d'une bombe atomique ; d'une société de production de pesticides ou de tabac ; plus simplement, d'un bolide automobile dans la rue !

Pendant des siècles, l'homme a haï le loup, ce canidé majeur des forêts boréales. Il a voulu s'en débarrasser. Il a presque réussi. L'espèce a disparu de la plus grande partie de son aire d'origine. Mais elle est maligne. Elle s'adapte. Elle reconquiert quelques-uns de ses anciens territoires en profitant des conjonctures favorables – des ouvertures que nous lui laissons.

Une partie de ce qu'on pourrait nommer l'« intelligence génétique » du loup consiste à être beau. Après en avoir fait le modèle de la laideur égale du diable (poil hirsute, crocs luisants, gueule de sang), nous le jugeons à nouveau superbe. Plus élégant que « nuisible », plus séduisant que « perfide », plus esthétique que « cruel ». *Canis lupus* n'est plus notre ennemi juré. Nous prenons conscience de son utilité dans les écosystèmes. Les populations de ce carnivore se reconstituent par places. L'espèce est protégée dans un nombre croissant de pays.

Le loup est (en principe !) tenu à l'abri du chasseur, du piégeur ou de l'empoisonneur par la convention de Berne du 19 septembre 1979, que la France a signée en même temps que de nombreux autres pays – et qui l'engage de façon solennelle. Ce texte, sur lequel certains responsables politiques aimeraient aujourd'hui s'asseoir, interdit « toute forme de capture intentionnelle, de détention et de mise à mort intentionnelle » de l'espèce ; il prohibe « la détérioration ou la destruction intentionnelle des sites de reproduction ou des aires de repos » du prédateur ; et il s'oppose « à la détention et au commerce de cet animal, vivant ou mort »...

On ne saurait être plus clair, mais un récent « plan loup », concocté par les autorités de notre République à l'encontre de la parole donnée par la nation même, autorise des tirs de « prélèvement » ou de « défense » contre plusieurs dizaines d'animaux par an. Comment cela est-il possible ?

Cela se peut, hélas, parce que le « problème du loup » est désormais celui du berger. Celui-ci ne risque pas d'être attaqué et dévoré tout cru en gardant son troupeau ; mais la prédation s'exerce aux dépens de ses brebis, nombreuses en été dans une montagne où, depuis près d'un siècle, on avait perdu l'habitude de côtoyer le prédateur. La question s'inscrit au chapitre économique, social et culturel. Autant dire qu'elle est salement embrouillée...

Certains la formulent de façon brutale et plutôt démagogique : « Qui préférez-vous sauver ? Le berger ou le loup ? »

Posé ainsi, le dilemme semble appeler une seule solution : « L'homme ! » Eh bien, non ! L'unique réponse intelligente, humaine et écologique consiste à proclamer bien haut : « Les deux ! »

« Le » loup en France

En Europe occidentale, *Canis lupus* a survécu aux massacres historiques en Espagne et en Italie.

Dans la péninsule Ibérique, on dénombre, de nos jours, entre 2 000 et 3 000 de ces mammifères, qui forment la sous-espèce *Canis lupus signatus*. Ces animaux vivent dans la Sierra Nevada, les monts Cantabriques et les Pyrénées espagnoles mais aussi dans le nord-est du Portugal où on compte une population d'environ 300 individus. Ils gagnent vers le nord et on s'attend à ce qu'ils passent les grands cols de la chaîne pyrénéenne et débarquent en France. Où ils feront la jonction avec leurs congénères venus d'Italie !

Le loup italien (*Canis lupus italicus*), conservé dans les Abruzzes (la mythologie de la louve romaine n'est pas étrangère à ce miracle), a lui aussi migré vers le nord, en suivant la chaîne des Apennins. Il a atteint les Alpes et le massif de l'Argentera, lequel est contigu du Mercantour. Il est passé en France en 1992. Je m'en souviens comme si c'était hier, c'était une info « top secrète » que j'avais obtenue du comité scientifique du parc national, et que je me suis empressé de divulguer dans le magazine *Terre sauvage* – partant du principe que rien n'est plus doux, ni plus utile, ni plus convivial que la manifestation de la vérité pour tous.

On dénombre quelque 700 à 1 000 loups en Italie. En France, le carnassier progresse régulièrement vers l'ouest et le nord. Il a d'ores et déjà recolonisé la totalité de l'arc alpin, de la Méditerranée au Léman. Vers l'ouest, il a franchi la vallée du Rhône en se jouant des routes, de l'autoroute, des lignes de chemin de fer et de TGV, etc., et en empruntant des ponts jetés par l'homme sur le fleuve. Quelques meutes ont déjà regagné le sud-est du Massif central, entre autres un haut lieu de l'histoire de l'espèce : le Gévaudan, en Lozère. Un individu génétiquement « italien » a été capturé dans les Pyrénées-Orientales. Du côté du nord, le loup venu d'Italie s'est dispersé dans le Jura (français et suisse) ; puis dans les Vosges. À l'heure où ces lignes sont écrites, il est parvenu en Bourgogne, en Lorraine, dans l'est de la Champagne et jusqu'aux confins des Ardennes belges et françaises. Il reverra demain la totalité du territoire national (peut-être européen !), pourquoi pas les villes et les villages auxquels son nom reste attaché : Louviers en Normandie, Saint-Leu-la-Forêt en Île-de-France ou Louvain en Belgique !

Quoique le résumé de cette reconquête ait des accents de Cent-Jours napoléoniens, les loups ne forment pas une armée. Comme je l'ai expliqué plus haut, leur structure sociale (un couple dominant, ses petits et des adultes plus ou moins apparentés, mais sexuellement inhibés par les phéromones du « roi » et de la « reine ») ne leur permet pas de se muer en force d'invasion massive. Les loups n'entreront pas dans Paris comme les envahisseurs en habit brun de la chanson interprétée par Serge Reggiani !

Si les grands canidés ont reconquis une partie non négligeable du territoire français (installés dans vingt-cinq départements, ils en explorent d'autres), ils demeurent peu nombreux : au total, entre 200 et 300 sujets. Et certains *Homo sapiens* voudraient qu'on élimine ces quelque 250 individus jusqu'au dernier !

Non seulement les loups ne sont pas nombreux, mais ils resteront toujours rares ; pour une raison évidente : ils ne se nourrissent pas que de moutons, et ne vivent pas seulement à la belle saison… L'hiver, les ovins domestiques ne pâturent pas dans la neige des montagnes, et les grands canidés doivent compter, s'ils ne veulent pas mourir de faim, sur les ressources d'une faune sauvage agile et peu abondante : chevreuils, cerfs, mouflons, chamois, bouquetins, voire lapins ou lièvres. Les prédateurs seront forcément limités, dans leur démographie, par ce facteur écologique crucial.

Le problème de la prédation régulière des loups sur les troupeaux domestiques n'en reste pas moins réel. Aigu. Parfois douloureux. Il a été trop souvent instrumentalisé ou abordé de façon maladroite. Avec des non-dits, des soupçons, des cachoteries. Avec aussi des invectives et des violences verbales échangées entre les partisans du « fauve » et les tenants de son éradication… Si l'on s'en tient aux statistiques, en France, les loups tuent 6 000 moutons par an, sur un cheptel global de 7 millions ; soit à peine 0,08 % du total…

Un élément essentiel doit être ici souligné. La principale difficulté professionnelle des éleveurs confrontés aux raids de loups ne réside pas dans les prélèvements de ces carnassiers, mais dans le cours très (trop !) bas de la viande de mouton sur le marché mondial. Ce dernier est entre les mains de l'Australie, de la Nouvelle-Zélande et de l'Argentine, pays dont les troupeaux sont énormes et les coûts de revient très faibles… Certains politiciens, usagers d'arguments électoraux simplistes, et plus proches de la démagogie que de la science, en rajoutent dans la tromperie. Selon eux, « le » loup serait l'unique responsable de la faillite des éleveurs. Ils oublient de mentionner leur propre responsabilité dans la fixation du prix des denrées alimentaires…

J'espère que nous pourrons apaiser une situation tendue, et adoucir des conflits attisés par un surcroît de mensonges. Les bergers victimes des attaques de loups sont aujourd'hui indemnisés – mais pas assez, trop mal, trop tard et au prix de démarches bureaucratiques épuisantes. Rien n'empêcherait la collectivité nationale (ou l'Europe) de décider que le grand canidé sauvage constitue un enjeu écologique majeur ; et que, en même temps, le pastoralisme doit continuer de jouer son irremplaçable rôle économique, social et culturel. Il reviendrait à l'ensemble du pays (ou de l'Union européenne) de prendre en charge les frais inhérents à ces décisions de principe.

En attendant que ce jour vienne, sachons qu'il n'est pas impossible d'améliorer la condition des bergers, tout en évitant les « plans loups » à la française, qui consistent à dézinguer des animaux dûment protégés avec la bénédiction des autorités (ce qui avive, de surcroît, la tentation du braconnage). L'État, les régions, les communautés de communes peuvent et doivent prendre en charge une partie des coûts d'installation, de fonctionnement et de protection des élevages ovins.

On peut, par exemple, constater que les loups ne sont pas les seuls à s'attaquer aux troupeaux : les chiens en liberté se regroupent en meutes et (pense-t-on) commettent dix fois plus de dégâts. Pourquoi ne pas décrire scientifiquement ce problème, afin de le traiter comme il convient ? Je veux dire : non pas en massacrant les chiens sans maître, mais en les capturant et en cherchant à les replacer dans des foyers…

L'État et les collectivités ont également le pouvoir – et le devoir – d'encourager, y compris par des subventions, les moyens de lutte « passifs » contre les loups. En payant aux bergers des aides humaines à la garde des troupeaux. En finançant des clôtures électriques ou des enclos pour la nuit. Ou encore en payant l'assistance des fameux chiens blancs qu'on appelle « patous » des Pyrénées... Ces animaux sont élevés tout bébés avec le troupeau d'ovins. Ils s'en imprègnent. Une fois adultes, ils le défendent envers et contre tout, comme s'ils protégeaient leur propre meute. Ils y réussissent fort efficacement contre les loups. Leurs interventions posent un léger problème quand ils confondent le touriste sur le sentier de grande randonnée avec un prédateur potentiel...

Récréation 1 : sachons aimer « frère loup » !

Si j'osais, je dirais qu'à Rome s'est récemment installé le pape des loups... Le nouveau pontife a choisi le prénom de François pour honorer la mémoire de saint François d'Assise (1181 ou 1182-1226).

Voici l'un des plus fameux épisodes de la vie de ce dernier, le saint le plus écologiste de la chrétienté, tel que le rapporte le recueil de faits, gestes et miracles attribués au bienheureux, mais rédigé et enjolivé plus d'un siècle après sa mort : *Les Fioretti* (*Les Petites fleurs*) ... J'abrège un peu le texte.

Lorsque François d'Assise vivait dans la ville de Gubbio apparut un loup énorme et féroce, qui dévorait non seulement les animaux, mais aussi les hommes, de sorte que les habitants vivaient dans la terreur.

François désira rencontrer le monstre : tout le monde voulut l'en dissuader. Ayant fait le signe de croix, le saint sortit de la cité avec ses compagnons, qui ne tardèrent pas à l'abandonner. Mettant en Dieu toute sa confiance, François salua le loup. Sous les yeux des habitants de Gubbio, qui contemplaient de loin ce miracle, le fauve s'avança, la gueule ouverte. Saint François fit sur lui le signe de la croix et lui parla ainsi : « Frère loup : je t'ordonne, de la part de Jésus-Christ, de ne plus faire de mal à personne. » Le terrible animal referma la gueule, s'arrêta net dans son élan et vint, aussi doux qu'un agneau, se coucher aux pieds du saint.

Saint François parla ainsi : « Frère loup, tu commets beaucoup de dommages, tu as blessé et tué des créatures de Dieu sans Sa permission. Tu mérites les fourches comme voleur et comme assassin. La ville te déteste. Mais je veux, frère loup, faire la paix entre toi et les hommes, de sorte que tu ne les offenses plus, qu'ils te pardonnent tes offenses, et que ni les hommes, ni les chiens ne te pourchassent plus. »

Par des mouvements du corps, de la queue et des oreilles, le loup montra qu'il acceptait. Saint François dit encore : « Frère loup, puisqu'il te plaît de faire la paix, je te promets de te faire donner toujours ce qu'il te faut, tant que tu vivras, par les hommes de cette ville : ainsi, tu ne souffriras plus de la faim. Mais je veux, frère loup, que tu me promettes de ne plus nuire ni à aucun homme ni à aucun animal : me le promets-tu ? » Le loup, en inclinant la tête, fit signe qu'il promettait. Saint François tendit la main, le loup leva la patte de devant droite et la mit familièrement dans la main du saint.

Alors François dit : « Frère loup, je t'ordonne, au nom de Jésus-Christ, de me suivre sans crainte : nous allons conclure la paix au nom de Dieu. » Le loup vint avec lui, doux comme un agneau ; les habitants de Gubbio s'en émerveillèrent. Tout le peuple étant réuni sur la grand-place, saint François prêcha ainsi : « Songez à quel point vous devez craindre la gueule de l'enfer, quand la gueule de cet animal vous a tenus dans le tremblement ! Tournez-vous vers Dieu, faites pénitence ! Dieu vous délivre aujourd'hui du loup comme il vous délivrera demain du feu de l'enfer. »

Le loup vécut deux ans à Gubbio. Il entrait dans les maisons, il allait de porte en porte, sans faire de mal à personne et sans qu'il lui en soit fait. Les habitants le nourrissaient et aucun chien n'aboyait contre lui. Celui qui avait incarné le « monstre » mourut paisiblement de vieillesse. Les habitants de la cité s'en désolèrent car, en voyant l'animal, ils percevaient la vertu même de saint François d'Assise.

Récréation 2 : la bête du Gévaudan

Il était une fois la bête du Gévaudan… Il n'en est aucune de plus fameuse, ni de plus abominable. Elle a fasciné dix générations – et cela continue ! Des centaines d'articles, des livres, des films lui sont consacrés ; parmi les plus récents : *Le Pacte des loups*, réalisé par Christophe Gans.

Il faut se représenter le Gévaudan, non dans la verdure accueillante de l'été, mais en hiver, quand le blizzard lève la neige en mortel grésil. C'est alors qu'on ressent, par chaque fibre de son corps, la tragédie dans laquelle, au XVIIIe siècle, se trouva plongée cette misérable province du Massif central.

Qui est la Bête ? Un loup d'une taille et d'une force affreuses, disent les uns. Non ! corrigent les autres : toute une meute. À moins, sous-entendent beaucoup, que ce fauve-là n'ait d'animal qu'une peau rapportée ; avec, en dessous, un pervers humain, trop humain. Un criminel sadique. Un tueur en série…

Au Gévaudan, tout commence le 30 juin 1764, et dure trois ans, jusqu'au 19 juin 1767. Le premier cercueil qu'on porte en terre est celui de Jeanne, 14 ans, déchiquetée à la lisière de la forêt. On attribue sa mort à une « bête » gigantesque. Peu après, une autre jeune fille expire sous les griffes du monstre. Puis un garçon. Puis un autre, dont les parents ramassent les membres épars. Une fille encore, dévorée dans son jardin…

La liste s'allonge. La terreur s'installe. Les crimes paraissent de plus en plus hideux. « C'est la Bête ! La Bête… » Le mot est sur toutes les lèvres. La créature peuple les cauchemars. On la devine, on croit la voir, on la voit… On la décrit – plus grande qu'un veau (ou qu'un cheval : les « témoignages » varient) ; couverte de poils fauves (ou noirs…) ; la tête massive, le souffle ardent, les mâchoires formidables ; avec ces crocs luisants, « longs et aigus comme des poignards ».

On requiert la troupe. Le gouverneur militaire du Languedoc demande au capitaine Duhamel de régler le problème. Celui-ci abat quantité de loups, mais les meurtres ne cessent pas. À Versailles, Louis XV s'émeut du trouble qui agite la province. Des louvetiers de profession sont appelés à la rescousse. Les Dunneval, puis

Antoine de Beauterne se chargent des basses besognes. Ils tuent plusieurs fauves à la fin de 1765, et présentent les dépouilles à la cour (sans oublier la récompense). Les attaques cessent, on suppose le problème réglé. Cependant, en décembre 1765, deux femmes et une fillette sont à nouveau tuées, et un garçon blessé.

La tragédie recommence. On compte six morts en 1766 et dix-huit en 1767. Le 19 juin de cette année-là, Jean Chastel fait fondre les médailles de la Vierge qu'il porte sur son chapeau. Il confectionne trois balles, que bénit le curé du village, et abat sur les pentes du mont Mouchet un loup énorme, dont on exposera partout la dépouille empaillée.

Le drame se conclut. Au total, morts et blessés confondus, on dénombre 157 victimes, dont beaucoup frappées de blessures horribles – égorgées, scalpées, décapitées, éviscérées… Les récits des « témoins » impressionnent : la « Bête » échappe aux coups de feu de façon surnaturelle. Elle est indestructible. Elle appartient à la sphère de l'illusion et du fantasme.

Deux siècles et demi plus tard, l'énigme demeure. Qui a tué ? Un loup enragé ? Peu probable… Un hybride de loup et d'ours (ou de singe, ou d'hyène) ? Chimères… On peut voir, dans ce sanglant épisode, la main de Dieu. Ou la perfidie du diable.

La bête du Gévaudan est-elle humaine ? Est-ce un tueur en série ? Un sadique exécuteur d'enfants ? Nul ne connaîtra jamais son visage, et c'est peut-être bien ainsi…

Récréation 3 : l'histoire de Planpougnis

Il était une fois un garçon si petit qu'il tenait dans le creux de la main. En Auvergne et en Limousin, on l'appelle Planpougnis (« Plein-Poignet »). D'autres le baptisent le Petit Poucet, puisqu'il est grand comme le pouce. Le conte débute comme chez Perrault et les frères Grimm, mais la suite diffère.

Les paysans ne peuvent plus cultiver la terre à cause de la guerre. Le peuple en est réduit à manger des racines et de l'herbe. Une mère de sept enfants décide de se débarrasser de son cadet, Planpougnis. Le garçon est minuscule et mange peu, mais c'est encore trop. La femme dit à ses aînés :

« Allez perdre votre frère dans la forêt.

— Comment ferons-nous pour retrouver notre chemin ?

— Semez des petits cailloux blancs en marchant. »

Au cœur du bois, les grands se sauvent et rentrent à la maison. Mais Planpougnis est malin : il repère les cailloux et rentre aussi chez lui, où sa mère l'accueille avec des sanglots de remords.

Le même problème se repose bientôt : la malheureuse femme doit sacrifier son dernier-né. Les enfants repartent en forêt. Les aînés abandonnent le cadet et ramassent au retour les cailloux qu'ils ont semés. Planpougnis, au désespoir, erre entre les arbres, le ventre creux. Il finit par arriver dans un champ où broute un bœuf. Le petit homme se dissimule dans une motte d'herbe. Mauvais plan ! Le ruminant tend le mufle, tire la langue, cueille la touffe et engloutit le garçon en même temps que le fourrage. Planpougnis se débat dans la caverne obscure de la panse. Impossible de sortir… Cependant, le paysan vient chercher l'animal et l'emmène chez le boucher. Le bœuf est tué et débité.

Un loup passe et vole la tripaille, qu'il gobe avec le petit à l'intérieur. Pour sortir de l'estomac du loup, Planpougnis recourt à la ruse. Chaque fois que le prédateur tente de s'approcher en catimini d'un troupeau, l'enfant hurle à pleins poumons (et il a la voix forte) : « Au loup !… Berger, gare à tes bêtes ! »

Alerté, le berger brandit son bâton et lance ses chiens. Le loup doit fuir. À la fin, le carnassier, au bord de l'inanition, consulte le renard : « Je ne sais pas ce qui se passe dans mon ventre, j'ai avalé quelque chose qui crie "Au loup !" dès que j'avance vers un mouton, une chèvre ou une poule. Il faut que je me libère de ce parasite, sinon je mourrai de faim. » Le renard réfléchit et trouve un moyen : « Tu vois, dit-il, les deux arbres, là-bas, qui se touchent presque ? Tu vas prendre ton élan depuis le sommet de la colline et passer entre les deux troncs. Tu auras très mal, mais c'est le seul moyen de te débarrasser de ce qui t'encombre. »

Le loup obéit. Il fonce, ses côtes craquent, son abdomen est écrabouillé, mais la manœuvre réussit : Planpougnis est expulsé… par les voies postérieures. L'enfant se nettoie dans une rigole qui gargouille. Il escalade un grand hêtre pour tenter se repérer. C'est alors qu'il entend discuter au pied de l'arbre. Deux voleurs y enterrent une cruche emplie de pièces d'or volées. Lorsqu'ils ont disparu, l'enfant s'empare du butin. Le voilà riche. Il retrouve ses frères et sa mère, dont aucun mot ne saurait décrire le remords et le bonheur mêlés.

Récréation 4 : la messe des loups

Les loups vivent en meutes dans les forêts. On les entend hurler ; certains disent qu'ils chantent. En principe, ils n'ont pas d'âme.

En Franche-Comté, on raconte cependant qu'une fois par an, à la Saint-Sylvestre, les loups quittent la forêt de la Joux et entrent dans les bourgades pour assister à une messe de minuit spéciale. L'office est célébré par un curé loup. Où a-t-il appris la liturgie ? On suppose qu'il existe des évêques loups, des cardinaux loups, voire un pape loup à Rome : nul n'a jamais rencontré ces personnages. Pour les curés loups, c'est différent : beaucoup les ont vus.

Il était une fois, à Champagnole, près de la forêt de la Joux, un maréchal-ferrant nommé Pierre. Son fils, Joseph, travaille avec lui. Un soir, le père appelle son garçon et lui dit : « Je t'ai enseigné tout ce que je sais. Le moment est venu de te céder la place. — Père, je ne t'abandonnerai jamais… » Le soir de Noël, le père tombe malade. Point de médecin : on fait venir un magicien, un personnage à barbe grise, vêtu d'une robe de druide blanche, et dont les prescriptions sont bizarres. « Ton père, dit le mage au jeune homme, ne mourra peut-être pas, mais souffrira comme un damné jusqu'à ce qu'il ait avalé le remède adéquat. — Lequel ? — La queue d'un curé loup : je ne connais pas d'autre médicament. — Comment se procuret-on la queue d'un curé loup ? — Il faut se transformer soi-même en loup et saisir l'occasion. Veux-tu essayer ? »

Joseph accepte. Le magicien lui donne à boire un philtre qui contient, entre autres, le champignon vesse-de-loup, des fleurs de lupin et cette plante toxique, aux corolles en casques jaune pâle, qu'on appelle l'« aconit tue-loup ». Dès qu'il a bu, Joseph se métamorphose en loup. Il a une fourrure, le corps souple, les yeux verts, les oreilles dressées, la gueule rouge et les crocs aigus... Il file dans la forêt. Une meute l'accepte. Entre Noël et le jour de l'An, il aide ses nouveaux congénères à voler des brebis.

Arrive la Saint-Sylvestre... Les loups doivent choisir l'un d'eux pour servir la messe de minuit que le curé loup va dire. Joseph se propose. Le prêtre animal arrive, vêtu d'une soutane, d'une chasuble et d'une étole. L'office commence. À l'*Ite missa est* ne restent que Joseph et le curé loup. « Je vais t'aider à quitter tes habits de cérémonie », dit le garçon.

Joseph s'approche du faux ecclésiastique par-derrière et, d'un solide coup de gueule, lui tranche la queue ras du cul. Le curé loup déguerpit en hurlant. Joseph file chez lui et donne à manger le trophée à son père. Tout est ingurgité : poil, peau, chair, os et moelle. Dans la minute qui suit, le malade guérit, le garçon reprend forme humaine et la vie son cours ordinaire.

Récréation 5 : historiettes et fabliaux

Depuis le *Roman de Renart*, les loups ont la réputation d'être bêtes et les goupils malins. Un jour, un loup affamé dit au renard : « J'ai faim. — Viens ! dit le renard… » Les complices se retrouvent devant un poulailler. Un trou dans le grillage leur permet d'entrer. Le renard dévore une poule. Le loup se goinfre. Il engloutit volaille après volaille, au point que son ventre devient énorme. Le fermier surgit. Le goupil s'enfuit par la brèche. Celle-ci est devenue trop petite pour le loup pléthorique, qu'un méchant coup de gourdin étend raide. Moralité : « Ne chassez qu'une poule à la fois ! »

Un loup rencontre un lion et le salue. « Je vous admire, dit-il, vous êtes puissant. Vous ne craignez personne. — Personne, en effet ! — Moi, repartit le loup, j'ai peur de tout. Je me cache le jour. Je ne sors du bois qu'à la nuit. Je m'attaque à des créatures sans défense comme les moutons. J'ai peur des hommes. — Qui sont les hommes ? demande le lion. — Tu verras ! » Les deux prédateurs rencontrent un enfant. « Celui-là, je ne le crains pas encore, explique le loup. Ce n'est pas tout à fait un homme. » Ils croisent un vieillard. « Celui-là, je ne le crains plus, dit le loup. Il a cessé d'être un homme. » Ils tombent sur un chasseur, le fusil à l'épaule. « Voilà l'homme ! » bégaie le loup, terrorisé, qui plonge dans un fourré. Le lion observe le chasseur : « Il n'a pas l'air si terrible, avec son petit bâton ! »

Et il reçoit une balle en plein cœur.

L'homme est un loup pour le Rom

Deux querelles font rage en ce moment, que les médias attisent à qui mieux mieux. Nos sociétés les ont déjà connues et les connaîtront encore.

La première concerne des êtres humains – les Roms, les Romanichels disait-on naguère. Des « voleurs de poules », des « vagabonds en roulotte », des « larrons sales et sans-gêne », des « mangeurs de chats et de hérissons ». En un mot, des gens sans toit ni loi, dont l'honnête citoyen a raison de se méfier en chaque occasion.

La seconde a pour objets les loups – *Canis lupus*, les ancêtres des chiens, mais qui ne supportent pas (dit la fable de La Fontaine) « ce collier dont vous êtes attaché »...

Les sondages parlent clair : 77 % des Français approuvent les propos du ministre de l'Intérieur, Manuel Valls, selon lequel les Roms « ont vocation à retourner en Roumanie ou en Bulgarie ». On obtiendrait la même proportion si l'on posait la question au sujet des loups : que ces sales bêtes dégagent !

Les décrets et leurs applications suivent les états d'âme de l'opinion. Dans plusieurs villes, les forces de l'ordre détruisent des camps de « gens du voyage ». Du balai ! Filez où vous voudrez, pourvu que ce soit loin... Vous êtes, par nature ou par culture, incapables de vous intégrer. On ne vous met pas l'étoile jaune, mais certains y pensent...

Côté loups, c'est pareil, avec (en sus) des coups de fusil pour conclure. Le « plan loup » du gouvernement français prévoit qu'on élimine bon nombre de ces

« prédateurs sanguinaires ». Parce que la litote est un ingrédient nécessaire de la novlangue administrative, ces animaux ne sont ni « tués », ni « abattus », mais « prélevés » ! Plusieurs individus sont déjà officiellement passés de vie à trépas. Je ne parle pas des sujets braconnés.

L'homme est un loup pour le Rom.

L'homme est un loup pour le loup.

Dans les deux cas, le message est simple comme un discours du Front national : les étrangers, dehors ! Que vous soyez dans un campement misérable ou que vous viviez en meute dans la montagne, vous êtes de trop. Disparaissez ! On ne veut pas de vous sur notre beau terroir... À la rigueur, si vous fuyez suffisamment loin de nos maisons et de nos troupeaux, on n'est pas contre un zeste de folklore. On ira vous photographier en voyage organisé, aux prochaines vacances...

Les sédentaires territoriaux que nous sommes détestent les « nomades », ces « sauvages » que nous jugeons trop indépendants pour être honnêtes, trop difficiles à localiser, à recenser, à surveiller. Nous haïssons les sans-papiers... Loin de moi l'idée de donner dans l'angélisme. Il est avéré que certains Roms volent le portefeuille des « bons citoyens sans défense », et que certains loups dévorent des brebis dans les alpages. Il est clair que plusieurs Roms sont violents, injustes et méchants, mais pas plus que le reste de la population. Il est non moins démontré que certains loups (surtout les jeunes adultes sans territoire, vagabonds et pillards par nécessité) peuvent tuer davantage de brebis qu'ils n'en sauraient manger ; et que, pour le berger, le spectacle des moutons étripés a de quoi révolter.

Tout ceci est exact. Mais le problème global qui se pose est on ne peut plus lumineux : les Roms et les loups existent. Ils gênent, où qu'ils soient ; en Roumanie comme en Sibérie, en Bulgarie comme en Mongolie… Faut-il les éliminer ou, à tout le moins, les faire fuir ? Réfléchissons-y dans le calme. Les Roms et les loups sont porteurs d'une passion de la liberté dont nous ferions bien de nous inspirer à l'occasion. Ils incarnent un mode de vie qui fut le premier des sociétés humaines : le nomadisme. Ils symbolisent le courage, la volonté d'avancer, la curiosité, l'esprit d'entreprise. Ils voyagent pour trouver des moyens de survie, certes, mais ils éprouvent en même temps le bonheur d'explorer, de marcher vers l'horizon, de découvrir ce qu'il y a derrière et de comprendre un jour (oui, même les loups !) que la Terre est ronde…

Devons-nous, au nom de notre civilisation de consommation, de supermarchés, de bagnoles, d'HLM, de bureaucratie, de factures, de flicage, de contrôles en tous genres et de sempiternelles « colères » contre tout ce qui bouge, ne plus accepter chez nous ces « étrangers », ces inconnus, ces autres nous-mêmes ? Ne devrions-nous pas, plutôt, tenter de nous imprégner de leur culture, d'aimer leur existence ? De respecter leurs mœurs ? De jouir avec eux de leur insouciance et de leur légèreté, bref de leur façon aérienne et poétique d'être au monde ?

Par-delà la morale ou la philosophie, je voudrais seulement rappeler quelques chiffres. Il existe, en France, environ 250 loups, dans les Alpes, dans quelques montagnes du Sud-Est, désormais dans le Gévaudan et jusque dans les Vosges et les Ardennes :

et nous avons davantage de problèmes avec ces quelques prédateurs que l'Italie même, où ils sont entre 700 et 1 000 ; et que l'Espagne, où l'on compte de 2 000 à 3 000. Il existe aujourd'hui, en France, environ 18 000 Roms (entre 15 000 et 20 000 selon les sources). Ils sont bien plus nombreux en Allemagne, où la question se pose pourtant de façon plus apaisée que dans notre pays.

Je sais, évidemment, que les loups ne sont pas entrés dans Paris, et que les Roms ne campent que dans quelques villes ou villages, où leur concentration est délicate à gérer. Mais j'en appelle au sens arithmétique de mes concitoyens : 250 loups pour (mettons) 5 000 communes concernées, cela fait en moyenne 0,05 loup par clocher. Dix-huit mille Roms pour 36 000 communes en France, cela donne un demi-Rom par mairie.

Et c'est cela qui devient insupportable ? Et c'est une telle densité humaine ou animale qu'un grand pays comme le nôtre est incapable de supporter ? Après leur manuel d'arithmétique, je convie mes chers compatriotes à lire ou à relire une œuvre bien française, l'une des plus belles qui aient été rédigées dans notre langue, que signa un certain François-Marie Arouet, dit Voltaire, et qui s'intitule *Traité sur la tolérance*.

Envoi : le loup est irréfutable

Alexandre Vialatte, chroniqueur et humoriste auvergnat, allait répétant que l'éléphant est irréfutable. J'en dirais autant du loup. C'est un animal prouvé, au contraire de la licorne, de l'hydre et du catoblépas. De l'ouroboros, du barometz et du léviathan.

Il existe. Il remonte à la plus haute Antiquité. Il est vif, rusé et coruscant. Toujours hirsute. Il vous observe de ses yeux jaunes, pas forcément pour vous manger mon enfant, avec ses grandes dents et son bonnet de mère-grand. Il exhale une évidence logique et biologique. Zoologique et écologique. Morale et métaphysique. Il ne saurait être exclu de la réalité du monde, ni par le ministère du Gibier traqué et des Accidents de chasse réunis, ni par l'Office national du ski et des fractures ; pas davantage par le syndicat de la chevrotine ou le groupement des Immeubles de béton dans la montagne. À moins que l'homme ne décide de se supprimer lui-même de la surface de la Terre.

Le loup est irréfutable…

Quiconque, une fois dans sa vie, a vu palpiter ses narines et frémir ses babines ; quiconque a dressé l'oreille vers les mêmes bruits de la forêt et échangé avec lui, ne serait-ce qu'un regard furtif, devient une autre personne. Ou plutôt redevient ce qu'il fut avant l'invention du ministère de l'Accident de snowboard et des balles de carabine. Le loup et l'homme sont des bêtes sauvages, mais civilisées, composées de la même substance physique et passionnelle. Pétries de lait, de chair, de sang et de longs hurlements sous la lune. Il suffit que ces deux mammifères s'aperçoivent, au coin du bois, pour se remémorer leur lointain cousinage. Ils occupent des niches écologiques analogues : grands prédateurs quand l'occasion se présente, amateurs de bifteck, ils font leur ordinaire de petits animaux et de plantes : mulots ou lapins ; escargots ou grenouilles ; myrtilles ou framboises... L'homme y ajoute du pomerol ou du Coca-Cola, selon ses moyens financiers et son degré de civilisation.

Les deux animaux s'organisent en familles et en clans. Ils forment les uns des bandes, les autres des villages ou des partis politiques. Ils se parlent dans un langage chanté, modulé, susurré ou aboyé qui donne le frisson, l'hiver, dans le Grand Nord ; ou, le soir, à la Scala de Milan. Ils se caressent, se reniflent, se lèchent, se bécotent, respectent des codes compliqués, marquent leur territoire, se prosternent devant leur chef, subissent la concurrence et s'envoient des coups de dents dans le dos de l'arbitre. Certains pratiquent l'altruisme. Quelques-uns imposent la terreur en arborant une petite moustache. Beaucoup passent leur vie la queue basse.

Je ne me sens nullement loup pour l'homme, mais loup pour le loup et homme pour l'homme. Il m'arrive d'être homme pour le loup. Je me demande si le loup s'en réjouit. Je constate, simplement, que l'homme et le loup ont des destins qui se croisent. *Canis lupus* et nous-mêmes partageons, depuis le paléolithique, trop d'histoires et d'anecdotes, trop de légendes et d'aventures vécues de part et d'autre de la lisière du bois, pour que notre cohabitation cesse faute de loups. Qui accepterait la mort de son frère ? Qui voudrait porter le nom de Caïn ?

Depuis le Moyen Âge, nous exterminons nos semblables aux yeux jaunes. Nous les traquons, nous les piégeons, nous les empoisonnons, nous jetons les survivants au désert ou dans les vallées les plus reculées.

Nous comprenons à présent que c'est une erreur écologique. Davantage : une faute morale. Un crime contre l'esprit. Presque un péché. Non seulement le loup est irréfutable, mais il est nécessaire. Si nous ne réussissons pas à lui faire un peu de place sur cette planète, cela voudra dire que nous n'en aurons plus pour nous-mêmes et pour nos enfants. Pour nos œuvres, nos aventures, nos mythes, nos poèmes, nos symphonies, nos peintures, nos rêves ; bref, pour ce qui nous a faits hommes avant que nous n'inventions l'Administration des propriétaires d'immeubles et de fusils réunis.

Demain, je marcherai dans le Mercantour, le Vercors, le Queyras ou les Pyrénées. Je grimperai la montagne sur la trace des loups revenus en France. Je chercherai mes amis furtifs dans la forêt, je les pisterai dans les alpages. Je veux croire que l'un d'eux daignera se montrer devant moi et me regarder de ses yeux jaunes.

Je lirai dans ses prunelles la sauvage nécessité des hurlements du loup cosmologique sous la lune.

4. « L' » ours
Nous sommes tous des plantigrades

L'ours et nous-mêmes marchons sur nos pieds plats. Nous sommes des plantigrades.

Et des frères – en tout cas, de proches parents. Sinon par la génétique et l'évolution des espèces, du moins par l'apparence. Nous nous dressons sur nos pattes postérieures pour voir le monde d'un peu plus haut, et un peu plus loin.

Nous nous ressemblons par le style. Par notre façon d'être. Par l'imagination. Par la mythologie, la légende, le rêve et le poème.

L'ours et nous-mêmes avons conservé notre âme d'enfants. Nous escaladerons le ciel un jour, ensemble, jusqu'à la constellation de la Grande Ourse.

Afin d'ouvrir l'appétit de mon honorable lecteur sur ce chapitre, et avant que mon frère l'ours n'ouvre le sien avec un cuissot d'Adam ou une côtelette d'Ève, je veux raconter ici la légende de l'ours d'Ardiden. Elle a pour cadre les montagnes des Pyrénées. Elle résume l'esprit de l'ours – on parle ici du mâle de l'espèce, que hante l'idée, non pas de l'anthropophagie, mais de la paternité de bébés très humains…

Les enfants s'endorment en serrant contre eux un nounours, et rêvent avec lui. Jadis, dans les vallées pyrénéennes, les femmes avaient besoin de l'ours pour une mission plus… biologique : faire des enfants, tout simplement !

Une jeune femme de Bigorre, nommée Marie, se désole d'être stérile. On lui conseille d'aller dans la montagne implorer l'ours d'Ardiden. Marie part à la recherche du plantigrade en compagnie d'une amie qui s'appelle aussi Marie. Le sentier grimpe sous les sapins et les hêtres, vers les crêtes et les ports qui mènent en Espagne. Les deux Marie ont faim et soif.

« Je suis si lasse ! soupire Marie.

— Pense à l'enfant », répond Marie.

Les jeunes femmes traversent la forêt aux forts parfums de résine et d'ail des ours, où règne une troupe de ces méchantes sorcières de Bigorre qu'on nomme les « brouches ». Marie et Marie se tiennent la main. Elles aperçoivent des yeux lumineux qui les fixent depuis les branches d'arbres. Des centaines de créatures les menacent en hululant comme des chouettes. Les Marie avancent malgré la peur. Elles sortent de la forêt et débouchent sur une prairie d'altitude où détalent les isards et les bouquetins, et qu'illuminent les lis des Pyrénées jaunes et les iris des Pyrénées en flammes violettes. Un lac étincelle, tel un trésor d'argent bleu : l'étang d'Ardiden.

C'est ici que l'ours a ses quartiers. Les filles l'appellent. Il ne vient pas. Un orage éclate, les éclairs crépitent, le tonnerre roule : les Marie se réfugient dans une grotte. Dans les ténèbres, au fond de l'antre, elles discernent une silhouette énorme, majestueuse, avec de petits yeux luisants et des oreilles rondes. C'est lui : l'ours brun. Le « monsu », le « mossu », le « monchu » comme on dit dans la région. Le « monsieur », si l'on préfère…

« Vous me dérangez, grogne l'animal.

— Vous êtes tellement fort…

— Que voulez-vous ?

— Je vous apporte un pot de miel, dit Marie. J'espère que ce cadeau vous plaira. Je suis stérile. On m'a dit que vous pourriez m'aider. »

Le plantigrade s'adoucit.

« C'est bien possible ! D'abord, je mange le miel. Ensuite, nous plongeons sept fois dans le lac, enlacés l'un à l'autre. Alors, tu seras enceinte… »

L'ours se pourlèche, Marie l'étreint et le couple s'immerge sept fois dans l'eau froide. À la fin, la jeune femme se sent lourde et heureuse.

« Soyez prudentes au retour, conseille l'ours. Les brouches vous ont épargnées à la montée, mais, au retour, elles vous voleraient l'enfant si elles avaient le soupçon qu'il existe. » Les Marie redescendent en déjouant les embuscades des sorcières. Neuf mois plus tard vient au monde un superbe garçon aux petits yeux noirs et aux oreilles rondes, qui incarnera le plus hardi et le plus sûr de tous les montagnards pyrénéens. Marie remonte plusieurs fois au lac d'Ardiden pour commander d'autres bébés. Au total, elle met au monde sept enfants. La huitième fois, les brouches surprennent l'imprudente, l'attrapent, lui ouvrent le ventre avec les dents et lui volent le petit à naître, dont elles font un sorcier de leur monde irréel.

L'ours brun habite encore les Pyrénées – même s'il y est devenu rarissime. Sauf PZA (procréation zoologiquement assistée), ce n'est plus lui qui permet aux femmes stériles d'avoir des bébés. Les brouches ont cessé de se manifester. Mais la magie de ces hautes terres continue d'emporter dans une autre dimension les enfants, les poètes et les fous qui osent regarder en face ce que le commun des mortels ne voit pas.

L'ours est-il méchant ?

Toujours les mêmes questions et – forcément – les mêmes réponses ! Le prédateur grognon, griffu et sévèrement denté consomme-t-il de la chair humaine ? S'en prend-il à nos brebis de façon obsessionnelle, comme on l'en accuse, mettons, dans les Pyrénées ?

Nounours aime le mouton à l'occasion, mais nous aussi, et cela ne choque que les *Homo sapiens* végétariens ! Nous apprécions l'ovin en côtelettes ou en ragoût : l'ours partage ce goût culinaire. La seule différence est que nous consommons nos viandes cuites, et lui crues. Nous préparons l'épaule ou le carré d'agneau à la poêle, au four, en sauce, avec des épices et des accompagnements. Le plantigrade dîne sur le mode saignant – quand il en a l'occasion. En revanche, le « mossu » n'est pas réputé se gaver de gigots ou de filets d'humains. Pour lui, nous manquons d'intérêt gastronomique. Notre chair est triste, hélas, et nos qualités organoleptiques limitées. Je l'ai déjà mentionné :

notre viande n'est appréciée de personne, excepté de quelques cannibales (psychopathes ou ethniques), et d'un plus grand nombre d'asticots du cimetière, auxquels il sera beaucoup pardonné vu leur importance dans le recyclage des matières organiques.

Afin d'extraire deux ou trois vérités du fatras des fausses nouvelles et des fantasmes, il n'est pas inutile de considérer les différentes espèces de plantigrades, et de nous demander si elles constituent un quelconque danger pour nous-mêmes ou pour notre bétail. La famille des ursidés appartient à l'ordre des carnivores et regroupe dix espèces. Le formidable ours des cavernes (*Ursus spelaeus*) a côtoyé nos ancêtres de Cro-Magnon en Europe, mais il est éteint ; tout comme l'ours à face courte (*Arctodus simus*), non moins puissant, et dont le destin nord-américain s'est achevé voilà environ dix mille ans. Ces espèces ont été poussées vers le néant par le réchauffement climatique, à la fin de la dernière glaciation, mais surtout par l'expansion concomitante de notre genre égoïste et brutal. Les ours furent nos concurrents directs à l'âge de pierre ; comme les loups, ils ont perdu la guerre.

L'ours lippu (*Melursus ursinus*), dit aussi « à miel » ou « à longues lèvres », vit dans le sous-continent indien, de l'Himalaya au Sri Lanka. Il incarne « en vrai » le Baloo du *Livre de la jungle*. L'espèce n'est plus représentée que par 7 000 à 8 000 sujets. Cet amateur de miel de taille modeste se montre surtout insectivore, friand de larves d'abeilles, de fourmis et de termites. Il ne présente de danger ni pour l'homme ni pour ses troupeaux.

On en dira autant de l'ours malais (*Helarctos malayanus*), plus connu sous son sobriquet d'« ours des cocotiers ». Cet animal pèse au maximum 90 kilogrammes. Il habite les forêts tropicales d'Asie du Sud-Est et, outre le braconnage, il souffre de l'abattage absurde et monstrueux qu'on inflige aux sylves où il tient ses quartiers.

Le danger n'est pas plus imminent avec l'ours à lunettes (*Tremarctos ornatus*), dit aussi « des Andes » ou « de la Cordillère ». Le seul ursidé d'Amérique du Sud assume son régime omnivore dans la Cordillère, mais son avenir n'est pas rose. Dans la meilleure hypothèse, ses effectifs s'élèvent à 2 000 sujets. Il n'a jamais attaqué l'homme.

L'ours à collier (*Ursus thibetanus*), souvent baptisé « du Tibet » ou « noir d'Asie », ne pose pas plus de problèmes à notre genre ou à notre bétail. Il habite (hélas ! de moins en moins : ses populations s'effondrent) les montagnes de l'Iran, du Pamir, du Tibet, du nord de la Chine et du Japon. On le distingue à sa fourrure anthracite, ornée d'un croissant ou d'un papillon blanc sur le poitrail.

Même diagnostic en ce qui concerne le grand panda, ou panda géant (*Ailuropoda melanoleuca*) : ce végétarien, amateur quasi exclusif de bambous (il lui arrive de faire des écarts de régime) – ce symbole en noir et blanc des espèces en péril, dont il ne reste que 1 500 à 1 600 sujets en liberté, dans une douzaine de réserves des montagnes de la Chine (au Sichuan, au Gansu, au Shaanxi) – incarne la crème des nounours… Les seuls accidents humains dans lesquels il a été impliqué se sont produits dans des parcs zoologiques, où des spectateurs résolument idiots avaient franchi les barrières pour admirer de plus près la « vedette » et faire la photo du siècle. Ou pour prendre le « selfie » qui leur vaudrait cinq minutes de célébrité sur les réseaux sociaux ! Les inconscients se sont retrouvés dans le rôle du jouet pour animal qui s'ennuie en prison, qui a de l'énergie à revendre, des muscles d'athlète et des griffes acérées. Cependant, même dans ces conditions assez agitées, aucun de ces glorieux imbéciles n'a perdu la vie...

Restent trois espèces : l'ours noir, le polaire (ou blanc) et le brun. Examinons leurs cas.

L'ours noir américain

L'ours noir américain (*Ursus americanus*), dit aussi « baribal », est costaud. Résistant... Il court vite – jusqu'à 55 kilomètres par heure –, il nage bien et grimpe aux arbres avec agilité, y compris à l'âge adulte (le grizzly n'escalade les troncs que dans son enfance). On le rencontre en Amérique du Nord, des montagnes du Mexique et des marais de Floride aux taïgas du Canada et aux toundras de l'Alaska. Ses effectifs restent relativement importants : entre 500 000 et 750 000 sujets. Mais l'animal souffre de la régression de ses biotopes, de la parcellisation des sylves qu'il hante et de la chasse indigne qui continue à lui être faite. L'espèce n'est protégée qu'en partie : environ 30 000 de ses membres sont abattus chaque année par des Nemrod fiers de leur fusil, qui se persuadent de prendre des risques en tentant l'« aventure » (pas le moindre danger !) et qui, surtout, ont les moyens de se payer ce lamentable moment d'émotion, qui consiste à assassiner, d'une balle longue comme le doigt, l'un des derniers prédateurs sauvages de la planète !

On dénombre quinze (ou seize) sous-espèces d'ours noirs, dont plusieurs en sévère régression, voire en danger d'extinction. Ce plantigrade est plus petit que son cousin brun : de 50 à 180 kilogrammes pour la femelle, de 120 à 280 pour le mâle. Le plus souvent charbonneuse ou brun foncé, la fourrure de l'espèce varie de façon merveilleuse. Quelques populations sont brun pâle, rousses, acajou ou beiges, avec parfois des reflets bleuâtres (dans la baie des Glaciers, en Alaska). On en connaît de blanches : en Colombie-Britannique, les Amérindiens baptisent « ours esprits » ou « ours fantômes » ces ours noirs (dits aussi « kermode ») auxquels la fantaisie de l'ADN offre une livrée de nuage ou de neige.

Comme la majorité de ses cousins, le baribal est omnivore, avec un régime aux deux tiers végétarien : herbes, feuilles, fruits, racines, bulbes, tubercules, etc. Il se délecte de miel, de larves d'insectes (pour la récolte desquelles ses griffes puissantes et ses lèvres mobiles sont adaptées), de mollusques, de poissons (truites, saumons, etc.), d'oiseaux, de petits mammifères, parfois de proies plus importantes : caribous, cerfs, daims, etc.

La vie de ce prédateur est rythmée par la succession de moments favorables et moins propices : seul l'être humain artificialise son existence jusqu'à (croit-il) se rendre indépendant des saisons, des jours et des nuits, des soleils et des pluies, des crépuscules de pourpre et des aurores aux doigts de rose. L'ours noir ne reçoit aucun courriel, n'a pas d'« ami » sur Facebook ni de « suiveur » sur Twitter : en est-il plus malheureux ? Après avoir passé (selon la latitude à laquelle il loge) quelques semaines ou quelques mois d'hiver en léthargie peu profonde dans sa tanière, l'animal se réveille affamé. Il se remplit l'estomac de tout ce qu'il juge comestible. Il s'active à refaire sa graisse durant la belle saison, et surtout en automne : son organisme a besoin d'énergie pour traverser la prochaine tyrannie des grands froids.

La période des amours est en été : recherche de partenaire, bagarres de mecs, femelles attentives et (très brièvement !) réceptives, parfums de sexe, danses de séduction, grognements, reniflements, extases et tremblements... Chez les ourses noires, la nidation de l'œuf est différée, comme chez la plupart des femelles de plantigrades. Le bébé ne doit pas voir le jour en automne : il ne survivrait pas à l'hiver. Le nouveau-né (parfois des jumeaux, rarement des triplés) paraît au moment le plus glacial de l'année, mais au creux douillet de la caverne, au chaud dans l'épaisse fourrure de sa mère, qui l'accouche et l'allaite à demi endormie. À la naissance, il pèse moins de 300 grammes : grand prématuré ! L'ourson tète dans la pénombre et forcit. Lorsqu'il pointe le nez hors de l'antre, aux tiédeurs du printemps, il atteint 5 à 6 kilogrammes. Il sera sevré durant l'été et restera sous la protection de sa génitrice pendant deux ans, avant de tenter l'aventure en solitaire, de pouvoir se reproduire à partir de 3 ou 4 ans (peu de chances, pour un mâle, avant le double de cet âge), et de vivre une heureuse et franche existence de baribal jusqu'au-delà de la trentaine...

Sauf maladie ou accident.

Ou rencontre avec un *Homo sapiens* augmenté d'un fusil…

Le baribal est-il dangereux ?

L'homme n'est pas bon pour l'ours noir. Il l'a longtemps poursuivi de sa haine, de ses ruses et de ses armes. Les Amérindiens le chassaient en hiver, tandis qu'il sommeillait dans sa tanière : ils en consommaient la chair, en utilisaient la fourrure pour avoir chaud et confectionnaient des colliers rituels avec ses griffes et ses dents. Au moins les braves le respectaient-ils : ceux d'entre eux qui osaient le traquer lui demandaient, par avance, pardon d'être obligés de lui ôter la vie. La tribu pouvait en faire son totem.

Avec l'arrivée des colons blancs, la situation a basculé. L'ours noir (comme le grizzly et l'ours blanc) n'a plus eu d'autre valeur que celle de son trophée, la « peau d'ours », consternante représentation d'une « victoire » humaine étalée dans un salon, la tête naturalisée et la gueule béante dans une caricature de menace… Il n'a plus eu d'autre prix que celui de sa fourrure, dont une des utilisations majeures fut la confection du couvre-chef des soldats britanniques et canadiens – le fameux « bonnet à poils » dont s'affublent encore les gardes du palais de Buckingham (de nos jours, la peluche est synthétique). Outre la chasse dite « sportive » dont ils souffrent, les baribals sont aujourd'hui (comme tous les ursidés) victimes de braconniers qui les traquent pour leur vésicule biliaire (la bile passe pour une panacée chez les adeptes des médecines orientales) et pour leurs pattes (un prétendu délice impérial dans la cuisine de quelques nouveaux riches chinois). L'espèce est, au surplus (notamment les oursons curieux), souvent touchée sur les routes par des monstres de ferraille bien plus rapides et solides qu'elle : les automobiles.

L'ours noir est-il dangereux ? La question peut légitimement se poser. L'animal brandit des armes de dissuasion naturelle : ses griffes et ses crocs. Il lui arrive de se sentir agressé ou dérangé, et de s'énerver contre un humain qui (par défi ou par ignorance) viole les frontières de son territoire. Une femelle peut juger ses petits en péril et réagir pour les protéger.

Mais les chiffres sont sans ambiguïté, comme toujours lorsqu'il est question de prédateurs. L'*Homo sapiens* tue, chaque année, des dizaines de milliers d'*Ursus americanus*. Au regard de ce carnage légal, on n'a, durant tout le XXe siècle, dénombré que trente-six attaques fatales de ces plantigrades contre des sujets de notre espèce…

Trente-six morts d'hommes en un siècle.

À peine plus d'un cadavre tous les trois ans…

La « dangerosité » de l'ours noir continue, cependant, de faire l'objet de débats, de polémiques, à tout le moins d'avertissement aux États-Unis et au Canada. D'ordinaire, ce prédateur ne se montre guère menaçant envers nous. Mais, avec la « mode » de l'écologie, ne devient-il pas un péril pour ceux-là mêmes qui le respectent, l'aiment et rêvent de le rencontrer dans la nature ? Ne représente-t-il pas un risque pour le touriste, le randonneur, le campeur, l'ami des grands espaces, qui ne sont pas très prudents lorsqu'ils foulent les sentiers forestiers ? Le baribal exprime son caractère, ses désirs, ses frayeurs, ses lubies, ses pulsions, ses folies… Dans certaines circonstances, il peut y avoir – et il y a eu – du grabuge.

Prenons l'exemple tragique de Cécile Verreault-Lavoie, au Québec. Le 30 juin 2008, cette femme de 70 ans pêche près de son chalet, comme elle le fait depuis des années, au bord du lac Théo, à deux heures de route au nord du dernier village habité, en Abitibi-Témiscamingue. Il est 19 heures. Le mari de la malheureuse la laisse seule un moment. Quand il revient, il découvre une scène épouvantable : sa compagne gît inanimée, en sang, les vêtements en loques et la nuque brisée. Cécile Verreault-Lavoie a été tuée par un baribal.

Les autorités québécoises ouvrent une enquête, mais on n'en apprend guère plus sur les circonstances et les causes du drame. Le ministère des Ressources naturelles et de la Faune (MRNF) rappelle que, dans les trente dernières années, la Belle Province n'a déploré que cinq attaques mortelles d'ours noirs, alors que sa population de baribals s'élève à plus de 60 000 sujets.

Recommandations

En se fondant sur l'étude de ce cas et de quelques autres, les autorités québécoises, et plus généralement canadiennes et nord-américaines, ont essayé de cerner le « profil » des ours dangereux, et de décrire les circonstances les plus propices aux agressions. Les spécialistes du comportement animal ont reconsidéré et détaillé quelques épisodes qui avaient fait les gros titres des médias – comme celui du décès de Denis Chrétien, agressé par un baribal en avril 2003, à Val-d'Or ; ou celui de Mary Beth-Miller, qui, en juillet 2000, faisait son jogging sur un sentier d'entraînement de la base militaire Valcartier, près de Québec, et n'en fut pas moins mortellement blessée par un de ces animaux. (On abattit, peu après, une ourse suspecte. Des tests ADN montrèrent que celle-ci n'était pas impliquée dans le « crime ».)

Pourquoi, de temps à autre, des ours noirs s'en prennent-ils à des humains ? On ne le sait toujours pas. Sauf rarissime exception, le mobile n'est pas la faim : les ours noirs ne dévorent quasiment jamais leur victime. Il s'agit bien plutôt d'une question de territoire et de dérangement. Chaque baribal réagit à sa façon : un tel est timide, un autre expansif, celui-ci peureux, celui-là téméraire, etc. Un certain nombre d'entre eux deviennent un peu trop familiers avec notre espèce, notamment dans les lieux où ils prennent l'habitude de recycler, sans se fatiguer, une partie de la nourriture que nous jetons : les décharges publiques et les abris de poubelles.

Le professeur canadien Stephen Herrero, de l'université de Calgary, a recensé, sur une période de dix-sept ans, quelque 400 interactions entre des ours noirs et des humains en Amérique du Nord, parmi lesquelles 350 ont été suffisamment brutales pour causer des blessures chez des individus de notre espèce (les morts se sont comptés sur les doigts d'une seule main). Le biologiste a réuni ses réflexions dans un livre intitulé *Bear attacks: their causes and avoidance* (« Attaques d'ours : leurs causes et comment les éviter »). La principale leçon qu'il tire de ses recherches est la suivante : « Les agressions les plus sérieuses (parfois fatales) ont toutes concerné des personnes isolées dans la forêt, parfois des couples. »

Moralité : si vous voulez vous balader en quasi sécurité dans les forêts d'Amérique du Nord hantées par les ours noirs, allez-y en groupe !

Les autorités du Québec, et plus généralement du Canada et des États-Unis, ont rédigé des mémentos à l'intention des amis de la nature et des sentiers sauvages. On trouve, dans ces opuscules (sur papier ou par Internet) quelques recommandations de bon sens et fruits de l'expérience sur la conduite à tenir en cas de rencontre inopinée. En voici la substance…

Si vous croisez un ours noir, arrêtez-vous et observez-le sans panique. Il pourra se dresser sur ses pattes postérieures pour mieux vous examiner. Vous le verrez saliver, souffler, émettre des sons variés, des grognements, des râles, des claquements de mâchoires. Il lui arrivera de baisser la tête, de coucher les oreilles en arrière et de vous faire face. Puis de gratter le sol avec ses griffes, de feindre de vous charger, voire de vous attaquer pour de bon…

Que faire si l'animal déploie à votre encontre cette panoplie graduée de menaces ?

Restez calme (facile à dire !) ! Souvenez-vous que les agressions de ces créatures envers les humains sont rarissimes. Le baribal ne vous fera violence que s'il vous identifie comme une menace directe, pour lui, ses petits (s'il s'agit d'une femelle), son angle de fuite ou sa source de nourriture. L'attitude agressive qu'il adoptera sera impressionnante : l'ours n'hésitera pas à en faire beaucoup pour vous inviter à dégager. Il n'aura pas forcément l'intention d'en découdre. La majorité de ses charges seront feintes, et il interrompra son mouvement au bout de quelques mètres.

Mais mieux vaut ne pas tenter le diable !

Ne détalez pas à toutes jambes : l'ours court plus vite que vous, et vous pourriez déclencher, dans son cerveau, un réflexe élémentaire de prédation. Ne cherchez pas à grimper dans un arbre : le baribal vous surpasse aussi dans cet exercice. Reculez lentement, en parlant d'une voix calme et monocorde. Ne criez pas, sauf si la situation devient incontrôlable (auquel cas, il semble peu probable que ces conseils continuent de vous être utiles). Écartez les bras pour avoir l'air plus grand et plus fort, mais ne faites ni moulinets, ni gestes désordonnés. Ne fixez pas votre vis-à-vis dans les yeux : pour tous les vertébrés, il s'agit là d'une pure provocation.

Si vous vous promenez avec d'autres humains, formez la mêlée : en groupe, vous impressionnerez l'animal. Attrapez le vaporisateur à poivre dont vous n'aurez pas oublié de vous munir avant cette balade : c'est votre meilleure arme. Préparez-vous à l'actionner si le plantigrade passe à l'acte… En ce cas, défendez-vous comme vous pouvez, hurlez, criez, jetez des pierres, donnez des coups de bâton, des coups de pied, des coups de poing : vous n'en ferez jamais trop, c'est de votre humble vie qu'il s'agit… Oubliez le conseil (souvent répété) selon lequel mieux vaut faire le mort : non seulement cela ne sert à rien, mais cette attitude précipite l'échéance !

D'ordinaire, l'ours recule avant d'avoir infligé des blessures. Il grogne, rouspète et s'en va, sûr de lui-même et de son arsenal de dissuasion. Mais l'auteur de ces lignes se doit de préciser un point de détail moins rassurant. Une infime minorité de carnassiers (ours noirs, grizzlys, ours polaires, mais aussi requins, tigres, pumas, lions, etc.) appartiennent à la catégorie des prédateurs atypiques, capables de faire d'un *Homo sapiens* leur repas. Ce sont d'authentiques mangeurs d'hommes. Parce qu'ils sont affaiblis, blessés, malades, et qu'ils ne peuvent pas chasser normalement, ils ont, un jour, goûté notre chair. Ils ne l'ont pas aimée, mais elle les a tenus en vie. Nous sommes faciles à capturer. Ils se servent.

Si vous avez la malchance de tomber sur le seul baribal prédateur d'humains qui hante la contrée, consolez-vous en vous persuadant qu'il s'agit d'un privilège : rares sont nos congénères dont le destin consiste à se fondre dans la chaîne alimentaire en empruntant le tube digestif d'un grand fauve. Songez que tous vos ennuis seront bientôt terminés ; que vous appartenez au grand poème de la vie ; et que, si vous croyez au ciel, vous y aurez votre place à la droite de saint François d'Assise, de Vishnou ou de Manitou.

L'ours polaire : la mort blanche

Ursus maritimus, l'ours polaire, l'ours blanc…

On lui donne le même surnom qu'au grand requin blanc : la « mort blanche ». Dans la catégorie : « frisson garanti » !

La mythologie inuite le nomme *nanouk* et raconte qu'il est né d'un des doigts coupés de Sedna, la déesse de la mer. En lui bouillonne la vengeance de la suppliciée.

La « mort blanche »... Le plantigrade mérite ce sobriquet parce qu'il se fond dans son décor de neiges et de glaces. Parce qu'il incarne le génie tutélaire de la banquise et du froid. Parce que sa silhouette semble à l'image du fantôme. Mais aussi parce qu'il occupe le sommet d'une pyramide alimentaire dans laquelle, par erreur ou par imprudence, notre espèce se retrouve parfois impliquée.

L'ours polaire... La noblesse et la splendeur de l'Arctique ! Ce seigneur d'un monde immaculé est-il bon ? Est-il méchant ? Ni l'un ni l'autre, comme tous les prédateurs. C'est un « tueur innocent » – ainsi que Jane Goodall désignait l'hyène, le chacal ou le lycaon. Il déroule son existence sans se poser de question morale ou métaphysique. Il n'est coupable d'aucune « violence », d'aucun « crime », d'aucune « mauvaise action », *a fortiori*, d'aucun « péché ». Ce carnivore exclusif a besoin, pour vivre et se reproduire, de consommer de la viande. Dans son écosystème, hormis le phytoplancton marin et quelques airelles de la toundra l'été, les produits chlorophylliens n'existent pas. Alors que tous ses cousins sont en grande partie végétariens, l'ours polaire chasse, met à mort, dévore et digère des proies animales, à quelque lignée qu'elles appartiennent. Plus la victime est grosse et grasse, plus elle fait ventre : c'est bien ce qui compte, dans une économie alimentaire perpétuellement au bord de la crise ! Le phoque constitue la proie idéale, adipeuse et calorique. Mais le plantigrade ne dédaigne pas le poisson (de mer ou de rivière), le morse (blessé, malade ou bébé), le narval ou le bélouga (coincés dans un trou de banquise), voire (jour de festin !) le cadavre de la baleine échouée… Pourquoi pas l'homme, si l'occasion se présente ? Celui-ci est, certes, moins goûteux, moins gras et moins festif que le pinnipède ou le cétacé. Mais lorsqu'on n'a rien avalé depuis des semaines, et que l'estomac se désespère de crier famine…

Pour l'*Homo sapiens* qui se retrouve seul sur la banquise, sans la protection d'un solide véhicule ou (en dernier recours…) d'un gros fusil (quoiqu'une seule balle n'arrête pas l'ours blanc qui charge…), la rencontre avec le géant de l'Arctique peut être synonyme de *requiem.* Le plantigrade est rapide, adapté à la glace et à la mer. Au contraire de la majorité des carnassiers, si l'occasion se présente, il traque, attaque et dévore de bon appétit les sujets de notre espèce. Il passe l'été à jeûner, parce que ses proies habituelles nagent loin au large. Tant que la banquise ne s'est pas reformée, il se serre la ceinture. Un quidam humain peut faire l'affaire, faute de phoque marbré, annelé, du Groenland ou à capuchon…

L'ours blanc incarne le colosse des plantigrades, et même des carnivores terrestres, à égalité avec les puissantes sous-espèces d'ours bruns du Kamtchatka et de Kodiak. Corps puissant et allongé, pattes énormes, griffes *ad hoc*, tête anguleuse, oreilles réduites et truffe noire… Les mâles, un peu plus gros que les femelles, dépassent 600 kilogrammes, parfois plus de 800 (record : 1 102 !). Leur fourrure n'est, en réalité, pas blanche. Leurs poils sont dépourvus de pigments, et c'est la réflexion de la lumière du soleil qui leur donne une apparence neigeuse ou fantomatique. Leur fourrure et leur lard sous-cutané les isolent si efficacement qu'il leur arrive de souffrir de la chaleur, et de devoir prendre le frais, vautrés sur la banquise…

Point d'interrogation

L'évolution de l'espèce est longtemps restée une énigme. La famille des ours (les ursidés) s'est séparée de celle des ratons laveurs (les procyonidés) voilà trente millions d'années. Les plantigrades « modernes » sont apparus il y a six millions d'années. L'ours brun et l'ours blanc ont un ancêtre commun. Ils ont divergé voilà environ cent cinquante mille ans, à l'époque où l'*Homo sapiens* s'est lui-même éloigné de ses proches cousins du genre *Homo*. Les rencontres amoureuses entre bruns et blancs restent non seulement possibles (le réchauffement climatique incite les grizzlys à remonter vers le nord), mais fertiles. En combinant les moitiés de mots anglais *polar* et *grizzly*, on baptise les hybrides « *grolars* » ou « *pizzlys* ».

Les ourses blanches mettent au monde un ou deux petits, au mieux tous les trois ans. Les nouveau-nés sont minuscules (de 500 à 600 grammes) et grands prématurés. Ils viennent au monde dans la tanière de neige que leur mère a creusée en automne. Ils profitent voluptueusement du lait de leur génitrice, qui les garde avec elle durant deux ans, souvent trois.

L'ours polaire est à merveille adapté aux conditions difficiles (c'est une litote !) de l'Arctique. Le problème est que, à cause de la hausse moyenne des températures terrestres (deux fois plus rapide près des pôles qu'aux basses latitudes), cette spécialisation prend la forme d'un énorme point d'interrogation : y a-t-il un avenir pour l'espèce ? Il subsiste environ entre 20 000 et 25 000 ours blancs, tout autour de l'océan glacial Arctique (Groenland, Svalbard, Sibérie, Alaska, Grand Nord canadien), répartis en six populations principales (60 % des effectifs vivent dans l'archipel nord-canadien). Mais la banquise se forme chaque automne un peu plus tard et fond chaque printemps un peu plus tôt. Elle régresse à la fois en superficie, en épaisseur et en durée. L'ours dépend de ses repas de phoques ou d'autres proies sur la glace, en hiver : sa saison utile de nutrition se réduit d'année en année. Les femelles n'ont plus assez d'énergie pour mener à bien de nouvelles gestations. Les bébés qui naissent quand même sont malingres, mal nourris : la mortalité infantile devient effrayante. Les adultes, privés de forces, tombent malades et cèdent à l'épuisement – quand ils ne s'en prennent pas aux jeunes de leur espèce pour subsister : le cannibalisme, jadis rare, tend à devenir ordinaire.

L'ours polaire figure sur la liste rouge des espèces menacées de l'UICN. Non seulement les humains le détruisent en bouleversant le climat planétaire, mais (malgré l'UICN et le combat des associations de protection) ils continuent aussi de le chasser pour le « trophée », tant en Sibérie qu'au Groenland, tant en Alaska que dans le Grand Nord canadien. Certains permis vont aux aborigènes (Inuits, Tchouktches, Samoyèdes, etc.), mais la plupart des autorisations de tuer sont attribuées à de riches imbéciles, heureux de faire ruisseler le sang vermeil de ces animaux admirables sur la blancheur virginale de l'Arctique.

Au regard de ces massacres directs ou indirects, il semble clair que l'ours blanc ne menace guère l'espèce humaine. Il y a eu des accidents, certes : des Inuits, des explorateurs, aujourd'hui des touristes, se sont fait attaquer, blesser, tuer, parfois dévorer (utile recyclage…) par des grands blancs. Au Spitzberg, par exemple, en juillet 2010, deux campeurs norvégiens sont surpris dans leur tente par un ours polaire, qui en saisit un et le traîne sur une quarantaine de mètres, avant que le second ne s'empare de son fusil et n'abatte le prédateur (les blessures de la victime restent légères). En août 2011, sur la même île du Spitzberg, près du glacier Von Post, des touristes britanniques campent en pleine nature et sont agressés par un grand blanc : l'animal griffe ou mord quatre personnes, et en tue une cinquième, un jeune homme de 17 ans – avant d'être lui-même exécuté par les services de secours.

L'un des lieux les plus « chauds » où les humains et les ours se rencontrent de façon régulière se situe au Canada : c'est la petite ville de Churchill, sur la côte ouest de la baie d'Hudson. Les *Homo sapiens* ont édifié leurs maisons sur un site qui constitue une étape majeure de la route de migration des carnivores. Les grands blancs passent par ici chaque année, depuis des temps immémoriaux, lorsqu'ils remontent vers le nord en quête d'une banquise enfin solidifiée et des phoques qui vont avec. Du point de vue de l'équité écologique, les habitants de Churchill ont volé cet espace naturel aux ours, lesquels n'ont pas manqué de localiser le trésor alimentaire des poubelles. Des problèmes de cohabitation ont surgi : on redoutait, à juste titre, que les enfants ne croisent le prédateur sur le chemin de l'école ! Aujourd'hui, les ordures sont dissimulées, et lorsqu'un plantigrade entre en ville, les services de protection le neutralisent en l'endormant avec un fusil à seringue, avant de l'évacuer dans un grand filet par hélicoptère, et de le relâcher un peu plus loin sur sa route migratoire.

Notons bien que si Churchill fut jadis la cité des trappeurs et des marchands de fourrure, elle tire désormais l'essentiel de ses revenus du « tourisme plantigrade ». En saison, les visiteurs accourent du monde entier pour observer, photographier et filmer les ours polaires. Des camions vitrés et surélevés les emmènent pour ainsi dire au contact du beau monstre, mais en sécurité !

L'ours brun de nos mémoires

Brun l'ours : tel était le titre d'un livre pour enfants dont les images hantent ma mémoire… Qui ne se souvient du « nounours » amical et consolateur de son jeune âge ? Qui ne se remémore la peluche de ses rêves d'enfant ? Dans chaque cœur d'adulte, fût-il le plus endurci, subsiste une place pour un Bisounours…

L'ours brun hante nos cerveaux, mais c'est un colosse en sursis. Il pourrait disparaître à l'état sauvage au cours des prochaines décennies… Si nous sommes assez fous (ou assez idiots) pour en arriver là, peut-être conserverons-nous quelques exemplaires de cette espèce dans des parcs zoologiques. Mais quelle tristesse de ne plus apercevoir ces superbes créatures que derrière des barreaux !

Longtemps, les hommes et les ours ont cohabité sur une bonne partie du globe. Pas toujours de façon pacifique, certes ; avec des malentendus, des crises et des violences mutuelles. Mais ils se supportaient. De nos jours, les humains ne tolèrent plus aucun autre gros animal sur la Terre. Ils ne réussissent même pas à se tolérer les uns les autres ! Hier encore, l'ours représentait davantage qu'un grand carnivore. Il entrait dans nos mythologies, nos légendes et nos contes pour enfants, c'est-à-dire dans nos âmes…

Nous oublions, aujourd'hui, ces récits magiques, mythologiques ou fantastiques, dans le temps même où nous exterminons les plantigrades. Parce qu'ils nous gênent. Parce qu'ils mangent quelquefois nos brebis. Pour le « plaisir » malsain de quelques tueurs de « fauves » qui jouent les Tartarins dans la forêt. Pour le « trophée ». Pour leur voler leur fourrure ou leur vésicule biliaire, censée nous soigner de mille maux. Ou pour manger leurs pattes dans des repas de nouveaux riches inspirés de ceux de l'empereur de Chine…

Histoire naturelle

Pour le naturaliste, l'ours brun s'appelle *Ursus arctos*, littéralement l'« ours du Nord ». Il est beau. Grand. Fort. Très fort ! Dans ses variétés les plus puissantes (celles du Kamtchatka et de l'île Kodiak, en Alaska), c'est (avec son cousin l'ours blanc) le plus massif des carnassiers de la terre ferme. En mer, il est surpassé par le grand requin blanc, l'orque, les baleines à bec ou le cachalot macrocéphale… On connaît sa dégaine : le corps massif et musclé, la tête lunaire, de petits yeux, un museau en biseau, la denture renforcée de canines énormes, les oreilles petites, rondes et mobiles… Les pattes sont puissantes, et les épaules surmontées d'une masse musculaire impressionnante. La fourrure est brune, comme l'indique le qualificatif de l'espèce, mais on ne rencontre pas deux individus de couleur identique. Certains sont presque noirs, d'autres quasi blonds, d'autres à reflets acajou, ocre ou roux.

Quand ils se mettent debout, les mâles adultes peuvent mesurer 2 mètres (dans les Pyrénées, par exemple), mais jusqu'à 3,5 mètres au Kamtchatka ou à Kodiak. Le poids varie, lui aussi, selon la géographie : en Europe, les adultes atteignent de 100 à 150 kilogrammes pour les femelles, et de 200 à 250 kilogrammes pour les mâles. Chez les lignées les plus puissantes, plus de 400 kilogrammes pour les dames et de 600 à 800 pour les messieurs, avec des records supérieurs à la tonne.

Comme son nom l'indique, le plantigrade marche sur la plante de ses pieds, même si c'est moins vrai pour les membres antérieurs. Ses doigts s'achèvent par des griffes longues et acérées, qui constituent des armes de destruction massive, mais aussi d'excellents outils pour creuser la terre, arracher des écorces, éventrer des ruchers ou… ouvrir avec délicatesse un coquillage. Les

« mains » de l'animal sont d'une habileté surprenante : elles servent aussi bien à maintenir le saumon prêt à être dévoré que (pour les femelles) à caresser les petits ou... à leur donner une petite baffe pour leur apprendre la prudence ! Malgré son allure pataude, l'ours brun court vite : plus de 55 kilomètres par heure. Il escalade des pentes incroyables à des allures qui laissent pantois. Les jeunes grimpent aux arbres. Les adultes deviennent vite trop lourds pour s'adonner à ce sport.

Le rythme des saisons

Lorsqu'il quitte sa tanière, au printemps, le grand brun doit « réveiller » son système digestif resté au repos durant de longues semaines. Il est alors surtout végétarien : il broute les herbes tendres qui verdissent entre les plaques de neige, et déterre quelques bulbes, racines ou tubercules aussi succulents que sucrés. Puis le carnivore reprend le dessus. À la fin du printemps et en été, l'animal chasse des proies de toutes tailles, de la marmotte au mouflon ou à l'élan. À la fin de l'été et au début de l'automne, il profite de la migration des poissons (surtout des truites et des saumons) pour devenir pêcheur. Son régime demeure, en toutes saisons, plutôt omnivore : l'animal adore les petits fruits (camarines, raisins d'ours, airelles, myrtilles, etc.), qui lui apportent à la fois des sucres, des vitamines et... un grand plaisir. Dans certaines contrées, à la belle saison, il est capable de gober à pleine bouche des papillons nocturnes (des phalènes) qui volent par nuées : un biologiste a calculé qu'un plantigrade dévore jusqu'à 40 000 de ces lépidoptères en une seule journée, et qu'il en tire le tiers de sa ration calorique... Là où les abeilles vivent et remplissent les rayons de leur ruche, l'ours brun justifie sa réputation de lécheur de miel, quels que soient les risques de piqûres !

Aux premières neiges, le grand brun rentre dans la tanière qu'il a aménagée sous une souche ou parmi les rochers, et dont il a lissé les parois à coups de griffes avec un sens évident du confort. Au contraire de ce qu'on croyait jadis, il n'hiberne pas vraiment. Il ne s'endort ni aussi profondément ni aussi longtemps que la marmotte ou le loir. Il tombe dans une léthargie relative, disons en pointillé. Sa température corporelle s'abaisse de plusieurs degrés, mais il se réveille de temps à autre et jette un coup d'œil au-dehors. S'il fait soleil, il lui arrive de quitter son refuge pour fouiner en quête de quelque chose à grignoter.

Le « coup du cow-boy »

Plaisirs saisonniers des amours plantigrades...

Chez les ours comme chez les vacanciers de l'espèce *Homo sapiens* stimulés par le soleil et la plage, la saison des amours est en été. Mâle et femelle se séduisent à coups de phéromones et d'irrésistibles parfums de crotte et d'urine répandus sur les herbes et les troncs d'arbres...

Monsieur poursuit madame durant des jours – sans être sûr qu'elle lui cédera ou qu'elle n'élira pas un autre prétendant. Les mâles s'affrontent. Ils ouvrent les hostilités par divers gestes d'intimidation, notamment en marchant les jambes arquées et en roulant les fesses, dans un pas chaloupé qu'on appelle familièrement le « coup du cow-boy ». Ils grognent, soufflent, crachent et grincent des dents. Ils se mettent debout pour exposer leur taille. Lorsqu'elle a lieu, la bagarre est brève et rude. Le sang coule, mais (comme chez la plupart des animaux surarmés), le plus faible des champions baisse la tête, recule et s'esquive sans fausse honte, sans demander son reste – mais vivant !

Le ballet d'amour entre le vainqueur et la belle se déroule *more canem*, plusieurs fois par jour, durant plusieurs jours… La femelle est en état d'œstrus moins de deux semaines au cours de l'été, et guère plus d'une fois tous les trois ans, puisqu'elle n'ovule pas pendant le laps de temps (deux ans) où elle allaite puis élève son petit. La mère accouche en hiver, au creux de la tanière, dans un demi-sommeil. Elle met au monde un, deux, parfois trois grands prématurés de 300 grammes. Comparé à une génitrice de 300 kilogrammes, le fœtus à terme est mille fois moins lourd. *Mutatis mutandis*, tout se passe comme si une femme de 50 kilogrammes mettait au monde un embryon de 50 grammes ! Et que celui-ci, non seulement était viable, mais se développait normalement… L'esquisse d'ourson brun, nu, aveugle et sourd, se dirige à l'odeur vers les mamelles. Dans l'obscurité de l'antre, le bébé tète un lait nourrissant, gras, protéiné, vitaminé. Il grandit, se couvre de douce fourrure, ouvre les yeux et explore sa maison. Lorsque le printemps réchauffe l'atmosphère, et que le soleil illumine à nouveau la scène du monde, la mère et le (ou les) petit(s) sortent et s'ébrouent. Maman cherche à manger, tout en surveillant sa portée, ce qui constitue un boulot à plein temps.

L'espérance de vie de l'ours brun est de l'ordre d'une trentaine d'années dans la nature, et d'une quarantaine en captivité – où, bien entendu, il ne devrait jamais être ! Les deux premières années, et surtout la première année après le sevrage, sont les plus périlleuses : le taux de mortalité de l'espèce avoisine alors les 50 %.

Une démographie en chute libre

Voici, selon la science (tous les spécialistes ne sont pas d'accord), la liste des sous-espèces ou variétés locales d'ours bruns dans le monde :

Ursus arctos arctos, l'ours brun d'Eurasie.
Ursus arctos crowtheri, l'ours de l'Atlas (éteint).
Ursus arctos horribilis, le grizzly d'Amérique.
Ursus arctos isabellinus, l'ours isabelle.
Ursus arctos middendorffi, l'ours de Kodiak.
Ursus arctos nelsoni, le grizzly du Mexique (éteint).
Ursus arctos pruinosus, l'ours bleu du Tibet.
Ursus arctos syriacus, l'ours brun de Syrie.
Ursus arctos stickeenensis.

Jusqu'à l'Antiquité et au Moyen Âge, les ours bruns hantaient, des plaines aux montagnes, toute la moitié septentrionale de l'Asie, de l'Europe et de l'Amérique du Nord. Ils sont, hélas ! éteints dans la majeure partie de leur aire d'origine. Leurs effectifs se sont effondrés. Rares sont ceux qui survivent aux chasseurs, aux braconniers et au saccage des ultimes biotopes naturels.

Les ours bruns d'Eurasie (*Ursus arctos arctos*) peuplent les reliquats des anciennes forêts boréales ou d'altitude. La Russie (surtout la Sibérie et le Kamtchatka) et la Scandinavie abritent, avec les Balkans et les Carpates, les principales populations de la sous-espèce. L'animal survit (difficilement !) dans les Pyrénées françaises et espagnoles. On en trouve quelques exemplaires dans les Alpes centrales et orientales.

En Amérique du Nord, l'ours brun vit de l'Alaska à la Colombie-Britannique et à l'Alberta. Des groupes isolés hantent les États de Washington, de l'Idaho, du Montana et du Wyoming. La sous-espèce *Ursus arctos horribilis* (le grizzly) incarne l'ours brun américain « classique ». La sous-espèce *Ursus arctos middendorffi* (l'ours de Kodiak) constitue la plus grande de toutes les variétés, avec celle du Kamtchatka (à égalité avec l'ours polaire) : elle vit en Alaska, dans les îles Kodiak, Afognak et Shuyak. La sous-espèce *Ursus arctos nelsoni* habitait le nord du Mexique : elle est aujourd'hui éteinte.

La population mondiale actuelle des ours bruns est estimée à environ 200 000 sujets. La plupart de ces créatures vivent en Russie (120 000 sujets), aux États-Unis (32 000) et au Canada (22 000). En Europe, on recense quelque 14 000 de ces plantigrades, pour la plupart en Russie d'Europe, en Scandinavie et dans les Carpates (plusieurs milliers en Roumanie et en Bulgarie). Les autres se partagent en une dizaine de petites (parfois très petites !) populations distinctes : en Espagne et en France (dans les Pyrénées), en Italie (dans le Trentin), en Slovénie et dans le reste des Balkans, en Suisse, en Autriche, en Ukraine, etc.

En France, l'ours brun était déjà traqué par les Celtes, puis par les Gallo-Romains. Les défrichements du Moyen Âge, puis de l'époque moderne, ont contraint les derniers sujets de l'espèce à se réfugier dans les forêts de montagne. Au XIXe siècle, avec l'industrie lourde, le chemin de fer, la grande agriculture, le développement du pastoralisme, l'exploitation intensive des forêts et la banalisation de l'usage du fusil pour la chasse, le sort des plantigrades est rapidement devenu très précaire. En 1850, ces animaux n'étaient plus représentés que dans quatorze départements du Jura, des Alpes et des Pyrénées. L'espèce a disparu du massif du Jura vers 1860. Elle s'est ensuite éteinte dans les Alpes, où l'on comptait environ 300 ours en 1800, 70 en 1860 et 20 en 1900. La dernière observation du plantigrade dans l'aire alpine date de 1937, dans le Vercors, sur les pentes qui dominent la vallée de la Drôme, au-dessus du col de Rousset.

Là où, voilà quelques années, des naturalistes avaient obtenu le droit de réintroduire l'espèce. Mais où les anti-ours ont, jusqu'à présent, saboté tous les projets réels de réimplantation…

L'ours des Pyrénées

En France, seules les Pyrénées ont voulu et (plus ou moins) su garder quelques ours. Pour combien de temps ? En 1995, ces montagnes hébergeaient une population relictuelle de cinq individus dans les Pyrénées occidentales – en Béarn, dans les vallées d'Aspe et d'Ossau. Sans la capture, en Slovénie, et le relâcher de deux femelles en 1996, puis d'un mâle en 1997, dans le cadre d'un programme de réintroduction à l'époque assez bien accepté, l'ours brun pyrénéen était « un homme mort », comme le soulignait avec un humour des plus noirs l'un de ses protecteurs.

L'ours brun fait partie de la culture pyrénéenne. On l'appelle *lou Moussu* ou *lou Mossu* (« le Monsieur »), ou encore *lou Pedescaou* (« le Va-nu-pied »). Il appartient au folklore, aux légendes (*Pyrène*, *Jean de l'Ours*, etc.), aux récits mythologiques, à la chanson populaire, à la poésie, etc.

Les études des paléontologues attestent qu'il existe des ours dans les Pyrénées depuis au moins deux cent cinquante mille ans. Il s'agissait alors d'ours des cavernes, et non d'ours bruns « modernes ». Nos ancêtres de Cro-Magnon vénéraient ces animaux. Ils en faisaient des puissances protectrices, ils les choisissaient pour totems, ainsi que le suggèrent les crânes et les ossements « honorés » des grottes pyrénéennes (mais aussi de Lascaux, de Vallon-Pont-d'Arc, du mont Granier, etc.).

Dans l'Antiquité, au Moyen Âge et aux Temps modernes, avec l'emploi généralisé des armes à feu, la chasse a provoqué l'effondrement des effectifs d'ours bruns. Non seulement le massacre était légal, mais les autorités l'ont encouragé à coups de primes : le plantigrade était classé parmi les « grands nuisibles ». On racontait qu'il attaquait les troupeaux avec une incroyable voracité. On murmurait qu'il s'en prenait aussi aux humains, en particulier aux enfants (même si cette assertion n'a jamais été vérifiée). De leur côté, les montreurs d'ours tuaient les mères pour voler les oursons, qu'ils dressaient avec une rare cruauté, et auxquels ils réservaient un sort lamentable – mélange de coups, de privations et de mutilations.

Aussi incroyable que cela paraisse, la chasse à l'ours n'a été définitivement interdite, en France, qu'en 1962. Or, à cette date, les effectifs de l'espèce se trouvaient déjà bien en dessous du seuil de survie… La population des Pyrénées centrales a totalement disparu au cours des années 1980. N'a survécu que la relique des Pyrénées béarnaises, elle-même promise à une inéluctable et prochaine extinction. On estime qu'il existait quelque 150 ours dans le massif franco-espagnol au début du XXe siècle. En 1995, le noyau résiduel n'était plus que de cinq – les cinq du Béarn. Bientôt réduits à un seul – un mâle. Le dernier de sa lignée, par définition !

La réintroduction ne s'est pas faite sans passion. À l'heure où ces lignes sont écrites, elle est en panne – bloquée par les bergers, les chasseurs et quelques politiciens locaux démagogues, plus soucieux de se faire réélire que de protéger la nature ou les éleveurs…

La souche choisie pour le repeuplement a été la slovène – encore assez répandue dans son pays d'origine, et génétiquement proche de la pyrénéenne.

Voici les principales étapes de l'opération.

1996. Trois ours slovènes sont relâchés sur les hauteurs de la commune de Melles (en Haute-Garonne) dans les Pyrénées centrales. Il s'agit de Ziva, une femelle qui aura deux petits en janvier 1997 ; de Melba, une autre femelle qui sera tuée par un chasseur lors d'une battue en septembre 1997 ; et de Pyros, un mâle qui pèse 235 kilogrammes.

2006. Deuxième phase. En avril de cette année-là sont successivement libérées deux femelles : Palouma, sur la commune de Burgalays (Haute-Garonne) ; et Franska, sur la commune de Bagnères-de-Bigorre (Hautes-Pyrénées).

Depuis cette époque, le nombre des ours a un peu augmenté dans les Pyrénées. On a recensé vingt et un de ces animaux à la fin de 2011 ; vingt-deux en 2012 ; et vingt-cinq en 2013 – onze femelles, neuf mâles et cinq individus de sexe à déterminer ; quatorze adultes, huit jeunes de 1 à 3 ans et trois oursons de l'année… Ces plantigrades composent deux « noyaux » de population : l'occidental, avec notamment deux mâles (Néné et Cannelito) ; et le central, dont le mâle Balou est probablement le père de la plupart des oursons. Il semble clair que l'effectif total se trouve, encore aujourd'hui, bien en dessous du niveau qui permettrait aux naturalistes de dire que les ours des Pyrénées sont vraiment sauvés !

Bonne nouvelle ?

Les chances de survie des plantigrades sont minces. Elles pourraient s'accroître si nous nous en donnions – si nous leur en donnions – les moyens. Les scientifiques se sont penchés sur la question. Ils ont les réponses. L'effort ne serait pas grand : il faudrait seulement (seulement !) que nous voulions bien consentir à le faire !

La preuve gît dans un rapport concocté par des spécialistes du Muséum national d'histoire naturelle, et intitulé *Expertise collective scientifique : l'ours brun dans les Pyrénées*… Ce rapport, qu'on doit notamment à Luigi Boitani, naturaliste de réputation mondiale, démontre que le massif pyrénéen pourrait héberger une population permanente de quelque 110 plantigrades, auxquels pourraient s'ajouter des sujets erratiques, soit au total 250 individus. Un rêve d'amoureux de la nature !

Dans les circonstances actuelles, poursuivent les scientifiques, les populations du Béarn et des Pyrénées centrales sont séparées. Elles ne se mélangent plus. Le fonds génétique slovène est trop homogène pour que, sur le long terme, n'apparaissent pas de sérieux problèmes de consanguinité. Sans une réintroduction rapide de nouveaux plantigrades, et d'une souche nouvelle, il est hélas ! quasiment certain que, dans les dix à quinze années prochaines, les effectifs s'effondreront derechef. Même sans que les anti-ours ne se livrent à des massacres engendrés par la colère et l'ignorance. Pour préserver l'avenir, il serait judicieux de relâcher, dans les plus brefs délais, entre sept et dix-sept ours. C'est une urgence. Y parviendrons-nous ? Cette chance historique ne se représentera pas. Les opposants se révoltent en tenant le rapport des savants pour un chiffon rouge que les écolos « radicaux » agitent sous leur nez. Ils ne désirent, quant à eux, que la mort brutale des plantigrades – ce qu'ils appellent leur « gestion » ou leur « contrôle », et qui revient à leur extermination. À une manière de « solution finale » pour les dévoreurs de moutons…

Mais le rapport des chercheurs du Muséum national d'histoire naturelle l'établit bel et bien. Nous pourrions, sans problème majeur, et en aidant comme il se doit les éleveurs locaux lorsque des prédations ont lieu, bénéficier en quelques années d'un pur et simple émerveillement : 250 ours bruns dans les Pyrénées, des lis jaunes de Tristagne aux iris *xiphium* de Gavarnie et aux panicauts pyrénéens du Pays basque ; avec les étranges ramondies des Pyrénées ; avec la splendeur des deux pics du Midi ; avec les isards de la vallée d'Ossau et les desmans qui ondulent dans les gaves…

N.B. : Ces lignes à peine écrites, début juin 2014, j'apprends la mort de l'ours mâle Balou, père de la plupart des oursons récemment observés. Âgé de 11 ans, Balou a été introduit dans les Pyrénées en 2006, parrainé par l'actrice Fanny Ardant et l'acteur Gérard Depardieu. Il a été retrouvé sans vie au pied d'une falaise, probablement victime d'une chute accidentelle. Sa disparition rend d'autant plus aiguë la nécessité de réintroduire d'autres plantigrades dans le massif.

L'ours cosmologique

L'ours contemple le ciel, la forêt, la rivière…

Il s'assoit sur un rocher, tord le nez et hume le vent. Il analyse les odeurs d'écorces et de résines. Il ignore probablement (peut-être le sait-il d'une autre manière) qu'il résume la splendeur de la vie dans la montagne et la forêt…

L'animal dresse l'oreille, écoute les messages du vent et cligne des yeux. Il se sent en harmonie avec ce territoire que ses yeux myopes distinguent mal, mais que lui recomposent, avec une précision bien supérieure, son odorat et son ouïe, dont la finesse est sans égale. Un proverbe amérindien des montagnes Rocheuses le dit : « Quand la feuille tombe de l'arbre, l'aigle la voit, le loup la sent, l'ours l'entend ! »

L'ours participe de la splendeur de la planète. Il résume le mystère et la simplicité de quatre milliards d'années d'évolution de la vie. Il ne le conçoit peut-être pas avec sa matière grise, mais il le flaire mieux que ne l'énoncerait le philosophe ou le savant devant leur page blanche ou leur écran d'ordinateur.

Le soleil se couche, la nuit tombe, les étoiles s'allument. L'ours bâille, se redresse, bâille encore, lève la tête et contemple le ciel. La planète et nous-mêmes avons besoin de lui. Il incarne à la fois la force et l'innocence ; la puissance et la grâce ; l'énergie et la douceur ; le vilain croqueur d'agneaux et le nounours de nos rêves d'enfant…

Il est notre passé, notre présent et notre avenir.

Au firmament, la Grande Ourse et la Petite Ourse se sont allumées et nous montrent l'étoile Polaire. À la surface de la Terre, les ours de chair, d'os et de douce fourrure pourraient bien nous empêcher de perdre le nord.

Envoi : lettre du paradis des ours

(J'ai rédigé ce texte le lendemain de la mort de l'ourse Melba, tuée par un chasseur le 27 septembre

1997, près du col de Matet, en Haute-Garonne, alors qu'elle était accompagnée de trois oursons.)

Je vous écris cette lettre à l'encre bleue de rêve. Sur un papier de lune. Je vis maintenant au paradis des plantigrades, dans la constellation de la Grande Ourse. Je suis heureuse. Chaque nouveau jour est un ruisseau de miel. La musique des sphères résonne comme un grognement de tendresse. Je me baigne dans la Voie lactée. Je m'ébroue dans la rosée des planètes. J'escalade des satellites. Je flaire le parfum du cosmos. Je hume la senteur du monde : ail sauvage, violette et réglisse.

Vous vous souvenez de moi : je m'appelle Melba. Je suis née en Slovénie. Je pensais passer là-bas le temps qui m'était imparti par la Parque des ours bruns. On m'a prise au piège. Je me suis retrouvée, sans avoir rien demandé, et sans savoir comment, dans les Pyrénées françaises. Sur les pentes du vallon de Melles. Je n'avais rien perdu au change. La contrée est magnifique. Je m'y suis adaptée. J'y ai bâti mon chez-moi. J'y galopais, l'été passé, sur mes pieds plats, dans des féeries d'iris violets, de lis turbans jaunes tachetés de pourpre et de ramondies bleu-mauve au cœur aigu comme un bec de mésange. Je me servais de mes griffes pour déterrer des racines juteuses et des bulbes doux-amers. Je me régalais de myrtilles et d'airelles, de mûres et de champignons. Avec un lapin par-ci ou un agneau par-là, comme vous le faites vous-mêmes.

L'hiver dernier, je dormais en boule dans ma tanière lorsque, sans m'en rendre compte, j'ai accouché de trois oursons gros comme le poing. Adorables boules de poils thé, cannelle et chocolat. Ces petites choses ont escaladé la face tiède de mon ventre et trouvé le ruisseau de lait et de miel de mes tétons généreux. Autant que la lumière d'avril, leurs vagissements m'ont tirée de ma léthargie. Nous avons gambadé dans l'herbe menue où Arthur Rimbaud notait ses *Sensations*. Mes bébés roulaient dans la pente en couinant de bonheur. Ils résumaient l'avenir de ma race, dans une contrée où elle fut presque exterminée.

Je vous écris du paradis des ours. Ma lettre vous parviendra, me dit-on, par le canal du vent solaire et d'une aurore polaire. Je vivais heureuse dans les Pyrénées, immigrée malgré moi, protégée par la loi, adoptée par la plupart, jusqu'à cette battue aux sangliers. Ils sont venus par dizaines. Eux. Dans leur tenue de camouflage qui ressemble à un uniforme de guerre. Déployés dans la pente, ils se sont mis à tirer. J'ai eu peur pour les miens. J'ai cédé à la panique. Au lieu de rester cachée dans mon trou, je me suis affolée. Je suis sortie et j'ai couru. Un jeune homme de 20 ans m'a aperçue. Il s'est affolé, lui aussi. Il ne connaissait rien aux ours. Je ne lui aurais jamais fait de mal. Il a appuyé sur la détente. J'ai senti ma poitrine éclater. L'amour de mes oursons, de la montagne et de la vie s'est échappé avec le sang qui giclait de mon cœur.

Ne croyez pas que j'en veuille à cet inconscient. Je lui pardonne. Il ne savait pas ce qu'il faisait. Je l'ai vu l'autre jour à la télévision, qui est retransmise jusque sur la Grande Ourse pour faire rire les âmes simples. Il a les yeux noirs, le cheveu long et sombre. Il dégage, oserais-je dire, un peu de la beauté sauvage de l'ours. Je ne veux même pas soupçonner, chez lui, le vice ni le mensonge. Je le crois sincère quand il explique qu'il s'est senti en état de légitime défense. Je le plains. Il a 20 ans, il incarne la jeunesse de son genre, mais il brandissait un engin de destruction explosive. Il prenait plaisir à infliger la blessure, la souffrance et le deuil. On l'a convaincu qu'en faisant feu il allait démontrer qu'il était un homme. Un vrai.

Je l'observe d'ici. Son geste l'a changé. Il s'interroge. Il regrette. Il maudit son impatience et sa panique. Il grimpe seul, la nuit, dans la montagne, et contemple les étoiles. Il ne peut pas ne pas distinguer ma silhouette parmi les constellations. Mon corps trapu. Mes grands pieds plats. Mon museau à la truffe mobile. Mes petites oreilles rondes. Mes yeux noirs en boutonnières, qui le fixent avec amitié et lui rappellent que, selon la légende de ses ancêtres de Cro-Magnon, l'ours fut jadis un homme.

Le chasseur repenti tend la main vers moi. Il pousse un couinement plaintif qu'on croirait d'ourson abandonné. Il a compris que le secret de l'harmonie du monde s'inscrit en mots de lune sous la Grande Ourse, c'est-à-dire sur toute la Terre, pourvu que l'homme et l'ours y inventent ensemble un commun destin de lait et de miel, dans le parfum des lis jaunes et des iris des Pyrénées ou d'ailleurs.

5. « Les » prédateurs
Tueurs innocents

« Le » requin, « le » loup, « l' » ours et les autres, tous les autres ! Les « ennemis ». Les « prédateurs ». Les « méchants ». Les « tueurs ». Mais aussi les plus élégants, les plus efficaces, les mieux adaptés…

Nos frères en ADN sur la planète sont plus beaux que nous, et également dignes d'être aimés. Mais nous en faisons nos esclaves ou nos cibles. Nous les maltraitons. Nous les capturons pour les enfermer dans des prisons appelées « zoos ». Nous les éliminons s'ils semblent menacer nos précieuses personnes ou nos sacro-saintes activités. Nous exerçons sur eux un droit de vie ou de mort que les habitants de Sirius ou d'Aldébaran jugeraient abusif.

Voici l'orque et le cachalot, le tigre et le lion, le jaguar et le léopard, le lynx et le puma, le buffle et l'hippopotame, le rhinocéros et l'éléphant… Avec, bien sûr, le crocodile et l'alligator, le cobra et le mamba, le python et le dragon (ni celui de la Chine, ni celui du Moyen Âge : celui de Komodo). Sans négliger le piranha et le barracuda, la méduse et la physalie, le scorpion et l'abeille, la mygale et la fourmi de feu…

Qu'allons-nous faire de ces espèces qu'une évolution facétieuse a armées de griffes, de crocs, de dards, d'épines ou de crochets venimeux, qui peuvent nous étriper, nous décapiter, nous déchiqueter, nous empoisonner et autres gâteries, bref nous expédier à l'hôpital ou *ad patres* en moins de temps qu'il n'en faut pour l'écrire ?

À présent que nous dominons la planète de façon outrageuse, outrageante et même outrancière, quel sort allons-nous choisir pour ces « bêtes féroces », pour ces âmes de la forêt, de la savane, de la montagne et de la mer ? Maintenant que nous régnons en tyrans sur notre fragile vaisseau spatial, avec des armes de destruction massive qu'aucune créature n'a jamais déployées, quel destin réserverons-nous à ces voisins « à problèmes » ? Qu'aurions-nous décidé pour le tigre à dents de sabre ? Pour le super-requin *Procarcharodon megalodon* des temps préhistoriques, long de 15 mètres et muni de dents de 15 centimètres ? Ou pour le tyrannosaure, le « T. rex », si ce monstre (disparu soixante-trois millions d'années avant l'émergence du genre *Homo*) avait eu le plaisir de déchiqueter quelques-uns de nos concitoyens ? Quel lot offrirons-nous aux plus formidables figures de la vie farouche ? Quel chemin tracerons-nous à ces merveilles devenues rares, et qui continuent de nous fasciner pour la raison qu'elles pouvaient jadis (et qu'elles pourraient encore, par hypothèse, imprudence ou malchance) nous conduire au néant ?

Ne faisons pas mine de croire que notre réaction sera dictée par la morale et le souci de notre propre espèce. Nous sommes égoïstes. Nous nous moquons de la santé et même de l'existence de nos congénères – à l'exception de quelques proches. Nous ne sommes pas plus tolérants envers les nôtres qu'envers les autres. Au mieux, nous jouons l'indifférence. Au pire, nous excluons, nous exilons, nous ghettoïsons, nous épurons... La guerre nous fascine : nous la pratiquons avec un enthousiasme qui ne s'est jamais démenti depuis le néolithique. L'assassinat nous donne le frisson : tel Thomas de Quincey, nous le considérons comme un des beaux-arts. Au long de l'Histoire, nous avons éliminé une bonne partie des humains que notre « civilisation » déclarait « sauvages ». Nous avons exterminé nos frères réputés « primitifs ». Allons-nous appliquer le même traitement aux bêtes dites « dangereuses » ? Après avoir massacré les Indiens d'Amérique, les Aborigènes d'Australie ou les Pygmées d'Afrique, allons-nous anéantir les grands félins, les loups, les ours, les éléphants, les tigres et les requins-tigres ?

J'ai le regret de constater que nous penchons vers le pire. De mauvais esprits ont calculé qu'en se faisant la guerre, de « der des ders » en « der des ders », les *Homo sapiens* ont occis, depuis l'Antiquité, plus de 600 millions de leurs semblables. Une performance digne d'éloges ! Le problème est que nous tuons, désormais, le même nombre d'animaux, non pas en cinq mille ans : tous les cinq jours ! En ne comptant que les victimes les plus visibles, mais en omettant les mouches, les moustiques, les abeilles, les papillons et des centaines de millions d'obscurs et de sans-grade – ces légions d'invertébrés victimes de la déforestation, du bétonnage, de la surpêche, de l'industrie lourde, de l'agriculture intensive, des transports en folie, du chaos climatique et de dix mille pollutions, notamment par les pesticides, les métaux lourds et les isotopes radioactifs…

Avoir un cœur ou pas

Il n'y a pas que de mauvais *Homo sapiens* : il en existe aussi d'affreux, bêtes et méchants ! Cependant, tous les représentants de notre espèce ne haïssent pas l'étranger, qu'il soit humain ou inhumain. Tous ne désirent pas détruire les créatures qui ne leur ressemblent pas, ou au contraire qui leur ressemblent trop, tels les grands singes. Tous ne sont pas prêts à expulser le « fauve » de son antre, l'aborigène des terres de ses ancêtres, le nomade ou l'immigré qui rêvent de vivre ailleurs, bref à tirer sur tout ce qui bouge de l'autre côté de la frontière géographique, idéologique ou religieuse, ou de la prétendue « barrière des espèces ». Tous n'atteignent pas un aussi haut degré de mépris pour autrui que les terroristes, les épurateurs ethniques, les gardes rouges ou les nazis. Tous ne sont pas racistes, intégristes, fanatiques ou zoophobes ! Tous ne prennent pas plaisir à massacrer les « sauvages », les « mécréants », les « ennemis du peuple », tout autant que les requins, les loups, les ours, les tigres ou les éléphants…

Des moralistes, des philosophes, des artistes, des poètes nous suggèrent d'adopter un code de bonne conduite envers nos frères humains, de toutes les couleurs de peau, de toutes les cultures et de toutes les mœurs. Les mêmes penseurs nous proposent de nous préoccuper avec la même humanité des bêtes sauvages, que nous les jugions « bizarres », « dégoûtantes » ou « dangereuses ». Ces amis de la vie nous présentent des orientations éthiques moins indignes que celles qui consistent à obéir à nos instincts de peur, de violence, de domination ou de propriété, et à tout détruire autour de nous par « prudence », pour dégager notre « espace vital », pour étaler notre « volonté de puissance », pour contraindre, pour céder à nos pires fantasmes identitaires ou (plus simplement) pour pratiquer de juteux trafics.

Nous pouvons (nous devons !) entamer notre rédemption écologique. Nous pouvons (nous devons !) devenir meilleurs – ou un peu moins mauvais, pour essayer… Nous savons que nous ne changerons pas le monde uniquement à coups de morale et d'idées nobles. Saisissons au moins l'opportunité de nous rendre moins désastreux ! Appelons-en aux sages, même si nous ne sommes pas tous Lao-Tseu en quête d'harmonie, ou saint François d'Assise désireux de faire la paix avec « frère loup »…

Écoutons, par exemple, Alphonse de Lamartine : « On n'a pas deux cœurs, un pour l'homme et l'autre pour l'animal : on a un cœur ou on n'en a pas. »

Ou Léon Tolstoï : « Il n'y a qu'un pas entre le meurtre de l'animal et celui de l'homme. »

Ou le Mahatma Gandhi : « On reconnaît le degré de civilisation d'un peuple à la manière dont il traite ses animaux. »

La formule que je préfère est celle-ci : « Ne faire qu'un avec toutes choses vivantes... » Le poète et écrivain romantique allemand Hölderlin la propose dans son *Hypérion, ou l'ermite de Grèce* :

« Bienheureuse Nature ! Ce que je ressens quand je lève les yeux sur ta beauté, je ne saurais le dire, mais le bonheur du ciel peuple les larmes que je pleure à tes pieds, ô bien-aimée ! [...]

» Ne faire qu'un avec toutes choses vivantes ! Retourner, par un radieux oubli de soi, dans le Tout de la Nature : tel est le plus haut degré de la pensée et de la joie, la cime sacrée, le lieu calme et éternel où le midi perd sa chaleur et le tonnerre sa grosse voix, et où le bouillonnement de la mer se confond avec la houle des blés.

» Ne faire qu'un avec toutes choses vivantes ! À ces mots, la vertu rejette sa sombre armure et l'esprit de l'homme oublie son sceptre. Toutes les pensées se dissolvent dans l'image d'un monde éternellement un. L'impitoyable Fatalité abdique, la Mort quitte le cercle des créatures, et le monde, guéri de la solitude et de la vieillesse, rayonne d'une infinie beauté. »

Respecter les « sauvages »

Nous nous prétendons « cultivés ». Nous nous gargarisons d'avoir inventé, puis généralisé sur le globe une « civilisation de l'intelligence ». Mais en artificialisant notre milieu jusqu'aux gratte-ciel, aux fusées spatiales, aux ordinateurs, à l'énergie nucléaire, aux manipulations génétiques et aux nanotechnologies, nous sommes loin de « ne faire qu'un avec toutes choses vivantes ». De plus en plus loin !

Quel sort réserverons-nous aux prédateurs que l'évolution a semés sur la terre et dans les eaux, aux grands chasseurs de la nature, à ceux que nous affublons du sobriquet immérité de « mangeurs d'hommes » ? Pour l'heure, nous les traitons comme si, depuis nos ancêtres de Cro-Magnon, voire depuis nos aïeux *erectus* ou australopithèques, nous n'avions jamais cessé de redouter leur violence. Comme si notre « progrès » et notre univers de machines, d'Internet, de bagnoles, de parkings, d'avions et de mégalopoles de béton, de verre et de macadam, ne nous en protégeaient pas déjà à 100 %…

Aujourd'hui comme hier, nous donnons dans le simplisme : faire semblant d'avoir peur, donc tuer ! Éliminer ceux qui nous effraient ou qui nous gênent ! Nous appelons cela « contrôler », « limiter » ou « maîtriser » les populations de carnassiers ou de grands herbivores. Nous nous débarrassons sans vergogne de ces créatures qui contestent, par leur force, leur vitesse ou leur beauté, notre autoproclamée supériorité sur la « Création ». Nous n'admettons aucune concurrence, fût-elle imaginaire ou fantasmée.

Il ne tiendrait qu'à nous de changer de style, de morale ou de philosophie…

Si nous désirons, enfin, nous comporter de façon moins absurde et moins suicidaire avec la nature qui nous fait naître et nous entretient quelques années dans le grand fleuve de la vie, nous devons nous lancer dans une courageuse révolution copernicienne. Il nous faut admettre, non seulement que la Terre n'est pas au centre du monde, non seulement que le Soleil constitue une petite étoile de la Voie lactée, cette galaxie perdue parmi 200 milliards d'autres dans l'univers, mais que l'homme n'incarne même pas le roi de sa planète négligeable. Nous ne sommes qu'un assemblage organique temporaire, muni d'un assez gros cerveau, mais soumis comme tous les êtres vivants aux lois de la physique, de la chimie, de la biologie et de l'écologie, et à ce titre éligible à une disparition plus ou moins rapide…

Si nous avons l'ambition de faire durer un tant soit peu notre courte incursion dans la biosphère, nous devons respecter les espèces qui nous entourent, et d'abord les « dangereux » prédateurs et les herbivores de grande taille. Un tel processus psychologique, sociologique et surtout culturel ne relève nullement du sentiment, de la sensiblerie, de la cucuterie ou du gnangnan. C'est une affaire d'intelligence et de cœur, au profit de tous les écosystèmes du globe, c'est-à-dire de notre propre survie. En protégeant les « bêtes sauvages », nous respectons les équilibres majeurs de la planète, et nous nous honorons d'être des animaux pensants. En maltraitant les espèces zoologiques, nous nous infligeons au contraire mille souffrances. En éliminant les « gêneurs » aux grandes dents, aux longues griffes et aux muscles puissants, nous nous éliminons nous-mêmes à petit ou à grand feu, bien plus sûrement et rapidement que nous ne pouvions l'imaginer en inventant la machine à vapeur, le moteur à explosion, l'énergie nucléaire ou les antibiotiques.

Il me plaît de recopier ici une phrase extraite des *Mémoires* de Louise Michel. La rebelle de la Commune de Paris, qui mena tant de combats pour l'émancipation des prolétaires, qui brandit ensemble les drapeaux du féminisme et de l'anarchie, et qui fut reléguée au bagne de Nouvelle-Calédonie, écrit ceci : « La bête subit le lamentable supplice infligé par l'homme. Mais plus l'homme se montre féroce envers la bête, plus il rampe devant les hommes qui le dominent. » J'aime citer Louise la Gueuse quand elle se préoccupe des animaux damnés de la Terre : ceux-ci sont innocents de leur misère, mais condamnés à subir la violence, les humiliations et le sadisme ordinaire de leurs tyrans humains.

Les espèces zoologiques auront-elles, un jour, l'idée de se révolter, à l'exemple des communards de Paris en 1871 ? Un écrivain pourrait s'emparer du scénario et en faire un roman satirique à la manière d'Orwell.

Mon ami Vitaly

Les plus misérables humains et les animaux les plus maltraités ou les plus menacés (à commencer par ceux qu'on dit « mangeurs d'hommes ») partagent les mêmes souffrances. On les spolie. On les vole. On les bannit du territoire de leurs ancêtres. Ce sont les exilés, les réprouvés, les torturés, les fusillés, les ensevelis. Les damnés de la Terre...

Les trafiquants d'esclaves commercialisaient aussi bien le « Nègre » que l'ivoire d'éléphant, le crâne de gorille, la corne de rhinocéros ou la peau de léopard. Les bisons d'Amérique ont été massacrés pour affamer les Amérindiens. La grande faune (tigres, panthères, etc.) des forêts du Vietnam, du Laos et du Cambodge a péri sous les bombes des guerres d'Indochine. Les batailles navales de l'Atlantique et du Pacifique ont, à force d'explosions sous-marines, assourdi, désorienté, rendu fous ou tué un nombre considérable de dauphins, de cachalots et de baleines. Je ne parle ni des pumas de l'Arizona, carbonisés par les essais atomiques américains, ni des panthères des neiges d'Asie centrale, contaminées par les retombées nucléaires soviétiques.

On pourrait multiplier les exemples.

L'attention plus ou moins grande que notre espèce porte aux mal-aimés donne une idée du degré de civilisation auquel elle atteint à telle ou telle époque, sous telle ou telle latitude. Les sociétés d'*Homo sapiens* qui méprisent, exploitent ou torturent les animaux sont aussi celles qui emprisonnent, expulsent ou assassinent leurs congénères, qu'elles qualifient d'« inférieurs » pour se donner le courage de les exterminer. Quand ce n'est pas de « sous-hommes » !

Je défends de toutes mes (trop faibles) forces la cause animale. Mais me refuse à terminer l'écriture de cet essai en laissant croire qu'il pourrait exister un risque zéro. Le contact avec les bêtes « sauvages », qu'il soit volontaire ou aléatoire, peut donner lieu à des explications musclées, voire dramatiques… Je ne fais pas partie des illuminés qui croient en la douceur béate de « mère nature », laquelle serait toujours attentionnée et ne nous voudrait que du bien. Qu'il s'agisse de ses éléments ou de ses organismes vivants, notre planète n'est ni « bonne », ni « mauvaise », et pas plus pour les humains que pour les autres espèces. Elle nous offre la vie, mais elle peut aussi nous la reprendre en un instant – sous forme de séisme, de tsunami, de nuée ardente, de glissement de terrain, d'inondation, d'incendie, de foudre, de tempête, de tornade ou de bien d'autres colères. Y compris sous l'apparence d'une grosse pa-patte pleine de griffes ou d'une mâchoire armée de dents aiguës…

Approcher les grands fauves, côtoyer les forces farouches de la mer ou de la jungle, ne saurait jamais présenter un risque zéro. Le péril nul n'existe pas. Une bonne connaissance des comportements des carnivores ou des grands herbivores permet d'abaisser le degré de danger encouru. Mais les impondérables peuvent conduire à des tragédies : tel animal peut être malade, se sentir menacé et réagir avec une violence inhabituelle. Tel autre a peut-être été effrayé par des hommes ; ou pis : il peut avoir été blessé par des chasseurs ou des braconniers.

Je me souviens de l'« homme aux ours », que j'ai connu pendant quelques semaines au Kamtchatka, et dont je puis dire qu'en peu de temps il est devenu mon ami : Vitaly Nikolaenko.

Vitaly est râblé, costaud, toujours coiffé d'une casquette kaki récupérée dans les stocks de l'Armée rouge (l'étoile en moins !), avec des bottes jaunes, un pantalon imperméable, une parka et, au cou, un vieil appareil de photographie Zenit, *made in* Allemagne de l'Est… Il connaît les ours de la péninsule par leur nom, et pour cause : c'est lui qui les a baptisés ! Il est originaire de Rostov-sur-le-Don. Il tombe amoureux du Kamtchatka lorsqu'il y arrive pour la première fois, pour son service militaire. Il se prend de passion pour les plantigrades. Il les observe sur le terrain, dans ce qui devient la vaste et merveilleuse réserve naturelle de Kronotsky (1 million d'hectares). Il ne possède pas le moindre diplôme scientifique, mais devient en peu de temps l'un des spécialistes mondiaux de l'ours brun. Il bâtit de ses mains une dizaine de cabanes en bois, dans lesquelles il s'abrite entre deux explorations dans la toundra d'altitude ou la taïga des vallées, au cœur d'un fabuleux décor de volcans, de lacs et de rivières. Il établit des liens de respect avec les plantigrades. Il apprend à les distinguer, il note leurs caractéristiques physiques et leur comportement. Il s'en fait accepter. Il les approche à quelques mètres, et comprend que les ours le reconnaissent et lui retournent son respect. Il me raconte qu'un jour, depuis une colline, il observe le grand ours mâle qu'il appelle Dobrynia (du nom d'un chevalier semi-légendaire de l'histoire russe). Il dérape et se met à glisser irrésistiblement sur la glaise volcanique. Il finit au bas de la pente, les deux pieds dans le derrière du géant velu ; lequel se retourne et souffle sa désapprobation, puis s'éloigne sans autre marque d'hostilité...

Cependant, quelques semaines après que je l'ai quitté, Vitaly Nikolaenko meurt. Un courriel me l'annonce. L'ami des ours arpentait (seul, comme souvent) les premières neiges du Kamtchatka pour prendre des nouvelles de ses protégés. Il n'a pas répondu aux vacations radio, on l'a cherché et retrouvé près de la rivière Tikhaïa, à quelques centaines de mètres d'une de ses cabanes (où j'avais passé une semaine)... Vitaly a été tué par celui-là même qu'il connaissait comme son « frère » et qu'il aimait entre tous : le colosse Dobrynia...

Décembre 2003, Vitaly venait d'avoir 66 ans : il a perdu la vie. Pourquoi ce drame ?

Des éléments d'explication viennent à l'esprit. On est en hiver, mais la température est trop douce, Dobrynia n'est pas encore entré en léthargie dans sa tanière : l'animal s'énerve. Un effet du réchauffement climatique ? On apprend aussi, par la bande, que pas moins d'une vingtaine de plantigrades ont été abattus par des braconniers, dans la réserve de Kronotsky, pendant les sept mois qui ont précédé la tragédie. Dobrynia lui-même a probablement été blessé par des chasseurs. Vitaly s'est approché de l'antre, comme il l'a fait des dizaines de fois durant les années précédentes. Mais l'animal l'a chargé. Vitaly a actionné son pétard à poivre (sa seule « arme » de dissuasion) : cela n'a pas suffi. Un coup de patte dans le ventre, un coup de mâchoires sur la tête : la rage du colosse n'a laissé aucune chance à celui qui avait été son plus actif défenseur...

Deux mois avant l'accident qui frappe Vitaly Nikolaenko, l'Américain Timothy Treadwell et sa compagne, tous deux biologistes et spécialistes des ours, sont tués par un grizzly dans le parc national de Katmai, en Alaska. Sept ans auparavant, en 1996, le photographe japonais Michio Hoshino avait subi le même sort durant une mission au Kamtchatka, près du lac Kourile...

Sur le podium de l'horreur

On pourrait imaginer un podium de l'horreur. Quelque chose comme des jeux Olympiques à l'envers ou un championnat de l'absurde, dans lequel les médailles seraient attribuées, par ordre de mérite, aux créatures les plus dangereuses pour l'homme… L'idée est drôle, du moins dans le registre de l'humour noir, qui reste le plus jouissif…

Si l'on interroge l'homme ou la femme de la rue, et qu'on lui demande quelle espèce à quatre, six ou huit pattes (voire sans pattes…) fait courir le plus de risques à notre précieuse et vaniteuse espèce, la réponse spontanée fait honneur au requin, à l'ours, au lion, au tigre, au crocodile, au serpent et à quelques autres.

La réalité est assez différente.

Le premier tueur d'hommes, dans les rangs des animaux, prend la forme du moustique : c'est l'anophèle (plusieurs espèces), qui transmet le germe du paludisme, un protozoaire du genre plasmodium, dont il existe également plusieurs espèces (la plus dangereuse est baptisée *Plasmodium falciparum*). Le « palu », ou « malaria », tue près de 1,5 million d'humains chaque année, surtout dans les contrées tropicales.

Le deuxième grand assassin de notre genre à deux pieds sans plumes n'est pas vivant, même s'il bouge. Il n'est pas composé de chair, mais de métal et de plastique, et c'est un monstre. Il possède un moteur qui vrombit, pétarade et pollue : c'est le véhicule. L'automobile, la motocyclette, le camion… Les accidents de la circulation causent, chaque année, 1,3 million de morts humains sur le globe, et quarante fois plus de blessés. Rien qu'en Russie, on compte 35 000 cadavres annuels sur la noirceur du macadam… Je n'ose même pas évoquer les légions d'animaux (insectes, batraciens, reptiles, oiseaux, mammifères...) que ce type de transport écrabouille dans l'excitation du départ en vacances, du dépassement sans visibilité ou du mépris des lignes blanches !

Le troisième animal le plus mortel pour l'homme est l'*Homo sapiens* lui-même, sous sa défroque guerrière. Les conflits armés n'atteignent pas toujours, heureusement, les sommets d'efficacité de la Seconde Guerre mondiale (70 millions de morts en six ans), des conquêtes mongoles du Moyen Âge (60 millions de morts), de la révolte des Taiping en Chine (30 millions de cadavres), de l'extermination des Amérindiens par les colons européens (60 millions de disparus), ou de la Première Guerre mondiale (65 millions de morts entre 1914 et 1918). Bon an mal an (pour pratiquer l'antiphrase), les guerres envoient *ad patres* entre 450 000 et 500 000 de nos congénères. La tendance collatérale aux épurations ethniques n'arrange pas ces statistiques. On n'assiste pas, à tout bout de champ, à un massacre perpétré par les Khmers rouges (près de 2 millions de morts) ou à un « nettoyage » de Tutsis par les Hutus au Rwanda (environ 900 000 victimes). Mais force est de constater que notre espèce accomplit de constants efforts pour égaler ou dépasser les plus brillants assassins de l'Histoire.

Il convient d'ajouter à ces multitudes de gisants bombardés, fusillés ou machettés les quelque 200 000 victimes de meurtres qu'on peut qualifier de « civils » ou d'« ordinaires » – de moins en moins en vieilles dentelles (à l'arsenic ou au cyanure), toujours autant à l'arme blanche, par strangulation ou au fusil de chasse ; et, de plus en plus, à l'arme automatique – revolver, fusil à pompe ou kalachnikov ; jusque dans les écoles et les campus universitaires…

Hormis les moustiques (dont seules les femelles piquent pour boire notre sang et pondre une grande quantité d'œufs riches en protéines pour les larves), les humains incarnent bel et bien les principaux ennemis du genre humain. Je le disais au chapitre du loup : l'homme est un homme pour l'homme, et il n'y a pas lieu d'en être fier !

Je n'ai pas mentionné ici (mais elles sont hors concours) les substances toxiques que notre espèce (dans sa version industrielle) répand dans la terre, l'air et les eaux, et qui lui reviennent tôt ou tard dans les poumons, ou le ventre, ou la tête, alouette ! Selon ce critère, le danger numéro un qui plane sur l'*Homo sapiens* n'est autre que la pollution atmosphérique. L'Organisation mondiale de la santé (OMS) avance, en 2012, le nombre remarquable de 7 millions de morts par an, dans le monde, pour cause de souillure de notre gaz vital ; par cancer, pneumonie, bronchite, infarctus ou accident vasculaire cérébral… Le tabac provoque le même genre de désordres physiologiques et cause (selon les données de l'OMS) 6 millions de morts annuels sur la planète (70 000 en France). Il existe, aujourd'hui, 1,3 milliard de fumeurs sur le globe. Environ 1 milliard mourront de leur funeste habitude au XXIe siècle… 10 millions par an. Un million de fois plus que par la morsure des requins, à supposer qu'il reste des squales à la fin du XXIe siècle !

Danger : invertébrés !

La pollution de l'air : 7 millions de morts par an. Le tabac : 6 millions. Les accidents de la route : 1,3 million. Les guerres : de 450 000 à 500 000. Les crimes de sang : 200 000. Les requins : 10.

S'ils étaient objectifs, les médias souligneraient ce vertigineux écart de chiffres. Mais leurs gros titres s'étalent en bien plus gros caractères, et en formules autrement effrayantes, dès qu'un aileron pointe près d'une plage. Les journaux peignent le « grouillement terrifiant » des « monstres » et détaillent l'horreur du sang répandu dans la vague… Notre inconscient choisit les « dents de la mer » plutôt que les réalités de la bagnole, du tabac ou de la chimie industrielle et agricole. Du simple point de vue de l'arithmétique, si les squales provoquent, en moyenne, 10 décès humains annuels, et les meurtres (par passion, folie ou intérêt crapuleux) environ 200 000, nous avons 20 000 fois plus de risques de périr expédiés par l'un de nos congénères, que déchiquetés par les quenottes aiguisées d'un requin-bouledogue, d'un requin-tigre ou d'un grand requin blanc…

Ainsi vont nos délires. Ainsi s'imposent nos angoisses ataviques ou instinctives. Ainsi se dilue notre raison, dans un fatras d'images abracadabrantesques ou d'exagérations misérables… Nous nous comportons comme le souriceau de la fable de La Fontaine, qui juge le chat « doux, bénin et gracieux », et s'apprête à lui accorder son entière confiance, tandis qu'il panique à la vue du cochet (le coq) qui bat des ailes à grand bruit et dresse sa crête écarlate…

Dans l'ordre de la dangerosité immédiate, après les moustiques anophèles du paludisme, viennent différentes espèces tropicales d'escargots d'eau douce, vecteurs du ver plat parasite de la schistosomiase, ou bilharziose : 280 000 morts par an.

D'autres moustiques, du genre *Aedes*, tels ceux qui inoculent les virus de la fièvre jaune, de la dengue, du chikungunya, etc., incarnent les responsables indirects de 30 000 à 40 000 morts annuels.

La mouche tsé-tsé (ou glossine) transmet le trypanosome de la maladie du sommeil, un protozoaire qui réduit de dix ans l'espérance de vie de 75 millions de personnes en Afrique, et cause 10 000 morts par an.

La punaise surnommée « réduve assassin » inocule l'agent microbien de la maladie de Chagas, un autre trypanosome : 10 000 morts par an.

La mouche simulie véhicule un petit ver parasite nématode (une filaire) qui cause l'onchocercose, dite aussi « cécité des rivières » : des millions d'aveugles, et peut-être 5 000 morts par an.

Serpents, chiens, crocodiles

Après l'homme (cet obsessionnel assassin de lui-même), les principales espèces animales impliquées dans la maladie et la mort d'*Homo sapiens* sont des invertébrés – des insectes, des mollusques, des vers et d'autres bestioles que nous jugeons peu ragoûtantes. Dans la plupart des cas, ces créatures ne sont que des intermédiaires ; des réservoirs ou des vecteurs pour des parasites de plus petite taille – des micro-organismes : protozoaires, bactéries ou virus.

De tous les vertébrés potentiellement dangereux, les serpents restent les plus redoutés. Nous éprouvons à leur vue une peur instinctive – que nous partageons avec nos cousins grands singes. La plupart des reptiles ophidiens sont inoffensifs, mais quelques-uns brandissent des armes de destruction fatales. Ils provoquent environ 50 000 morts humaines par an, rarement par étouffement, le plus souvent par injection de venin. Les serpents sévissent dans les campagnes, surtout celles du tiers-monde, où l'impétuosité de l'expansion humaine multiplie les occasions de rencontre. Parmi les rampants les plus inquiétants figurent, en Asie, la vipère de Russell (celle qui cause le plus de décès), le naja indien (ou serpent à lunettes), le cobra royal, l'échide carénée (une vipère peu craintive et familière des habitations), le bongare rayé, le python réticulé, etc. En Afrique, le plus vif et le plus agressif est le mamba noir ; mais on craint aussi le mamba vert, divers cobras (comme celui d'Égypte, l'« aspic » de la reine Cléopâtre), la vipère du Gabon, la vipère heurtante, le python de Seba... L'Australie constitue la terre la plus richement dotée en espèces létales : vipère de la mort, taïpan côtier, taïpan du désert, serpent brun, serpent-tigre, etc., sans omettre les spécimens marins (serpent olive, tricot rayé, laticauda, etc.). L'Amérique du Nord héberge le mocassin d'eau et nombre de crotales, ou serpents à sonnette, dont le plus puissant est le diamantin de l'Ouest. En Amérique latine sévissent le serpent corail rouge-crème-noir, divers crotales, le surucucu (ou maître de la brousse), sans oublier le fer-de-lance, ultrarapide et armé d'un venin ravageur… L'Europe, en revanche, n'a pas grand-chose à redouter de ses vipères, dont la plus dangereuse est l'ammodyte des contrées méridionales, au poison salivaire plus actif que celui de l'aspic, de la péliade ou de la timide et rare vipère d'Orsini.

Sur la liste des vertébrés dont il convient de se méfier, juste après les serpents, viennent les chiens : 25 000 morts par an. Des meutes de ces animaux errants peuvent (en Inde, en Asie centrale, en Asie du Sud-Est, etc.) attaquer des enfants ou des individus isolés et affaiblis. Le problème provient surtout du fait que les « meilleurs amis de l'homme » nous transmettent, encore et toujours, le virus de la rage. Cette maladie reste endémique dans de nombreux pays pauvres. Elle est fatale en l'absence de traitement vaccinal.

Les crocodiles au sens large font, chaque année, environ 1 000 morts d'hommes dans le monde. Les plus dangereux du marigot sont le crocodile marin (ou d'eau salée, ou *salty*) d'Australie, d'Indonésie et d'Asie du Sud, qui peut dépasser 7 mètres de longueur et peser une tonne (on a observé un individu de 10 mètres, en Inde, dans l'État d'Orissa), ce qui ne l'empêche nullement d'accomplir des bonds prodigieux hors de l'eau ; et le crocodile du Nil africain, à peine moins puissant. Lorsqu'ils s'en prennent à notre espèce, ces animaux cuirassés et surdentés ne se contentent pas de défendre leur territoire. Ils concluent les hostilités en recyclant notre viande à leur profit. Ils préfèrent le poisson ou l'antilope, mais nous apprécient… D'autres crocodiliens peuvent se montrer presque aussi redoutables, par exemple l'alligator du Mississippi, le caïman noir d'Amazonie ou le crocodile de Cuba. Mais, en dehors du crocodile marin, protégé en Australie et dont les effectifs sont remontés dans les trente dernières années (entre 200 000 et 300 000 sujets actuels), et hormis l'alligator des États-Unis, toutes les espèces du groupe sont en voie de régression rapide. Certaines d'entre elles, tels le crocodile de Chine ou le gavial du Gange, se trouvent de plus en plus proches de l'extinction.

Parmi les reptiles à quatre pattes (mais éloignés des crocodiles sur le plan évolutif), une place revient aux lézards, comme le venimeux monstre de Gila (ou héloderme) des déserts d'Arizona et du Mexique ; ou les plus puissants rejetons de la lignée : les varans. Le roi de cette lignée force l'admiration – et la crainte ! Le varan (ou « dragon ») de Komodo habite les îles indonésiennes de Komodo, Florès, Rinca et quelques autres. Il atteint 3 mètres de longueur et plus de 80 kilogrammes. Il chasse en mordant ses proies et en leur inoculant une salive venimeuse, d'ailleurs infectée de bactéries. Il vient ainsi à bout de victimes aussi grosses que le cerf ou le buffle d'eau. Il ne dédaignerait pas l'*Homo sapiens*. Quelques accidents ont eu lieu. En juin 2007, des dragons de Komodo ont tué un garçon de 8 ans, mais après trente-trois ans passés sans aucun drame pour notre espèce. Le « monstre » ne risque pas de répandre la terreur ailleurs qu'à la télévision ou au cinéma. Il figure sur la liste rouge des espèces en danger de l'UICN. On en compte moins de 5 000 sujets, dont à peine 350 femelles en pleine capacité de se reproduire.

Pachydermes

Après les crocodiles, dans l'ordre décroissant des ennuis éventuels, les vertébrés qui posent le plus de problèmes sont les hippopotames : ils tuent peut-être 500 des nôtres chaque année. Ces amphibies ne mangent pas notre viande : ils sont herbivores (quoiqu'on en ait vu dévorer l'un des leurs, dans une hallucinante scène de cannibalisme). Ils sont très territoriaux : les grands mâles n'acceptent pas d'intrus dans la portion de rivière ou de marigot qu'ils ont conquise. Leur gueule de Moloch est munie de canines de 30 centimètres de longueur. Lorsqu'ils s'énervent, ils font des dégâts. Ils s'en prennent aux embarcations imprudentes, qu'ils broient et coulent avant de tailler en pièces tel ou tel occupant. L'hippopotame impressionne. Il propose une manière de beauté farouche. On pense qu'il possède un ancêtre commun avec la baleine. Mais il se montre moins amical envers nous que le rorqual ou la jubarte !

L'éléphant n'est pas forcément plus calme. On estime que, en Afrique, il est responsable d'environ 100 morts humaines par an, soit dix fois plus que les requins. Au Sri Lanka, en Inde et en Asie du Sud-Est, l'éléphant d'Asie ajoute un nombre voisin de victimes annuelles. Qu'il s'agisse de l'espèce asiatique, de l'espèce africaine des savanes ou de sa cousine des forêts, les pachydermes ont besoin de vastes espaces, de ressources alimentaires et d'eau – à proportion de leur taille. Jadis, ces colosses (*Les Racines du ciel*, selon le titre du roman de Romain Gary) effectuaient en troupeaux de longues migrations, menées par les femelles expérimentées de la troupe (les matriarches), en quête de pâturages, de branches garnies de feuilles fraîches, voire de fruits fermentés d'arbres variés (durian, arbre à saucisses, etc.). De nos jours, ces itinéraires ancestraux se trouvent coupés par des barbelés, des routes, des maisons, des villes. Les éléphants s'énervent et finissent par forcer les barrages. Ils viennent se repaître jusque dans les champs cultivés des hommes. Ceux-ci se défendent, tentent d'effrayer les intrus, les attaquent à leur tour. Il en résulte des morts dans les deux camps.

À la vitesse à laquelle nous éliminons les plus formidables créatures actuelles de la terre ferme, la question sera bientôt réglée…

Il ne subsiste guère que 30 000 éléphants d'Asie, sur une population d'environ 3 millions à la fin du XIXe siècle ; à peine 1 % des effectifs d'origine.

L'éléphant de savane d'Afrique comptait 5 millions de sujets en 1930 ; il en reste 500 000 (10 % du total) en ratissant large. Après quelques années d'accalmie, le massacre pour l'ivoire des défenses a repris de la façon la plus cruelle, jusque dans les parcs nationaux, à la flèche empoisonnée ou à l'arme de guerre. Nombre de scientifiques calculent que les effectifs de l'espèce sont, en réalité, déjà passés au-dessous du seuil des 300 000.

La situation de l'éléphant de forêt d'Afrique paraît encore plus inquiétante : on a abattu les deux tiers des populations de ce colosse lors du dernier quart de siècle, et si ce processus mortifère de braconnage et de déforestation continue, l'animal aura disparu en

2025 ; à l'exception de quelques survivants, devenus fous, dans des zoos…

Parmi les pachydermes (les « peaux épaisses »), et bien que ce terme ne recouvre aucune véritable classification scientifique, on range également les rhinocéros. Le sanglant folklore des chasseurs de *Big Five* (les « cinq gros » : éléphant, lion, léopard, buffle et rhinocéros ; un quinté popularisé par Ernest Hemingway dans *Les Neiges du Kilimandjaro*) regorge de récits dans lesquels le « monstre » cornu fonce sur son ennemi et cherche à l'embrocher. Mais c'est moins de l'Hemingway que du *Tintin au Congo*… La vérité est que toutes les espèces de rhinocéros sont en voie d'extinction. Il existait un million de ces animaux en 1800. On n'en trouve plus que 17 000 dans la nature et 1 000 dans des zoos. Un peu plus de 11 000 sujets pour le rhinocéros blanc d'Afrique, quelque 3 500 pour le noir d'Afrique, 2 500 pour le rhinocéros indien, à peine 250 pour le rhinocéros de Sumatra, et… une petite quarantaine pour celui de Java !

Grands carnivores

Les grands carnivores ne font plus peur.

Ils sont entrés dans nos bandes dessinées, nos dessins animés, nos films, nos livres de nature ou nos albums pour enfants. Le Roi lion, la Panthère rose, le tigre Shere Khan du *Livre de la jungle*, s'inspirent des *Fables* d'Ésope ou de La Fontaine, du *Roman de Renart*, de *La Mort du loup* de Vigny et de cent autres œuvres scientifiques, littéraires, poétiques, picturales, théâtrales ou mythologiques. Ces figures puériles de la prédation perpétuent les craintes ancestrales de notre espèce, quoique dans une manière légendaire ou drolatique. Les jungles naïves du Douanier Rousseau et les figures animales anthropomorphes de Walt Disney rejoignent, désormais, les sylves bien réelles du Congo, de l'Asie des moussons ou de l'Amazonie...

Ou ce qu'il en reste...

C'est un fait : dès lors qu'ils atteignent leur taille adulte, tous les grands prédateurs sont parfaitement capables d'occire un *Homo sapiens* de rencontre. Leur violence se déchaîne rarement pour des motifs alimentaires. Le plus souvent, il s'agit d'une affaire de territoire : nous empiétons sur les espaces sauvages. Que dis-je ? Nous les saccageons... Les princes de ces biotopes ne l'entendent pas de cette oreille. Ils font valoir leurs droits imprescriptibles sur la contrée. Ils brandissent leurs griffes et leurs crocs. Ils font parler les armes biologiques dont l'évolution les a pourvus avec une générosité certaine.

Parmi les carnivores, les lions (*Panthera leo*) sont les plus dangereux. Ils causent environ 100 morts par an dans nos rangs. Maints récits détaillent ces drames. Ils fleurissaient dans la littérature des colons d'Afrique. En 1907, John Henry Patterson décrivait des horreurs dans un ouvrage à succès qui inspira plusieurs films : *The Man-eaters of Tsavo* (*Les Mangeurs d'hommes du Tsavo*). Ce texte rapporte (entre autres) un épisode de fauves qui attaquent les ouvriers d'un chemin de fer en construction, et les dévorent par dizaines ! On peut douter de l'authenticité des « témoignages » sur lesquels se fondent de telles narrations : nul n'ignore la propension de notre espèce aux guirlandes de style, dès lors que le sang coule…

Quoi qu'il en soit, le « roi des animaux » cher à La Fontaine n'est plus maître de grand-chose. Jadis (sans parler des lions préhistoriques d'Amérique ou de Sibérie), il existait des variétés ou des populations de ces félins dans les Balkans et en Grèce (on se souvient du lion de Némée qu'Héraclès doit tuer) ; dans l'Atlas d'Afrique du Nord (la sous-espèce a disparu dans les années 1920, victime du *Tartarin de Tarascon* d'Alphonse Daudet et de ses clones trop réels) ; ainsi que dans une bonne partie de l'Asie de l'Ouest et du Sud (où l'unique population asiatique résiduelle est celle de la forêt de Gir, dans l'État indien de Gujerat ; environ 300 sujets…). La majeure partie des lions rescapés de nos balles et de nos destructions d'écosystèmes habitent l'Afrique subsaharienne. On ne trouve plus que 1 500 de ces fauves en Afrique occidentale. Le reste de la population (de l'ordre de 20 000 individus ; le nombre a chuté de moitié durant les vingt dernières années) peuple les parcs nationaux de l'est et du sud du continent. Le lion est classé dans la catégorie « vulnérable » sur la liste rouge des espèces menacées de l'UICN. Triste lendemain qui déchante, pour celui qui fut le souverain sans rival de l'univers des bêtes !

Le tigre est tout aussi « noble » et encore plus menacé. Lui aussi a blessé ou tué des humains, et même parfois consommé, digéré et roté la chair tendre, mais fade, de nos congénères. Avec *Panthera tigris*, les cas de prédation à but alimentaire sont, une fois encore, rarissimes – et presque toujours imputables à des animaux malades, affaiblis, accidentés ou (on l'a constaté) affligés d'infections buccales ou dentaires. Une étrange exception concerne les tigres de la forêt littorale des Sundarbans, au Bangladesh. Un nombre non négligeable des félins de la contrée semblent avoir inscrit l'*Homo sapiens* sur leur menu ordinaire. Les statistiques officielles parlent d'une cinquantaine de morts par an. Les habitants de la contrée n'ignorent rien du danger. Les fauves attaquent par-derrière, en visant le cou, qu'ils rompent d'un coup de mâchoires et de crocs. D'où l'idée, pour les villageois, de ne s'aventurer dans la mangrove que la nuque et les épaules protégées par une armure…

L'espèce « tigre » comprend neuf sous-espèces. Trois d'entre elles (de Bali, de Java et de la Caspienne) sont d'ores et déjà éteintes. Celle de la Chine du Sud, si elle reste de ce monde, ce dont on doute, ne compte que quelques sujets épars. Celle de Sumatra n'est plus représentée que par une poignée d'individus. À peine mieux lotie est celle de Malaisie. Le superbe et gigantesque tigre de Sibérie (ou de Mandchourie) ne réunit plus guère que 350 sujets, qui promènent leur somptueuse robe pâle, rayée de crème, sur les neiges de la taïga… Les seules sous-espèces encore un peu « nombreuses » (tout est relatif !) sont celles d'Indochine (environ 1 500 sujets) et du Bengale (à peu près autant ; 2 000 serait optimiste) ; mais elles sont soumises à une pression humaine qu'elles ne pourront pas longtemps supporter… Au total, alors qu'on recensait 100 000 tigres en 1900 (dont 40 000 en Inde), ces fauves sublimes, ces montures sacrées de Durga (ou

Parvati), le consort de Shiva dans la mythologie hindoue, ne sont plus, aujourd'hui, que 3 500 en liberté (plus quelques centaines en captivité). Péril critique d'extinction ! Urgence à protéger !

Les autres grands félins s'en prennent encore plus rarement à notre espèce que le lion et le tigre, mais se trouvent dans des situations démographiques tout aussi désastreuses. En Eurasie et en Amérique du Nord, les lynx (genre *Lynx*, quatre espèces dont le très menacé lynx ibérique, ou pardelle) ne s'attaquent qu'à nos troupeaux. Aucun témoignage fiable ne fait état d'agressions contre des humains – même si le loup-cervier (littéralement : le « loup des cerfs ») est censé, les nuits sans lune, se métamorphoser en un monstre mi-loup, mi-homme qu'on appelle le « loup-garou »...

Dans les deux Amériques, le puma, ou cougar, ou lion des montagnes (*Puma concolor*), s'en prend parfois à nos congénères : entre 1890 et 2004, aux États-Unis, une centaine d'attaques ont causé seize morts. L'expansion de notre espèce, là aussi, pose problème : les contacts deviennent plus fréquents, les félins se rapprochent des villes et les probabilités de rencontres accidentelles augmentent.

En Amérique tropicale, le jaguar (*Panthera onca*) incarne un autre félin sublime, à la robe tachetée et aux yeux verts ou jaunes, selon l'incidence de la lumière. Le mode de vie forestier et la prudence légendaire de cet animal font qu'on n'a guère de cas à citer dans lesquels des humains pourraient en avoir pâti. Éventuellement, un explorateur malchanceux...

En Asie et en Afrique, le léopard (*Panthera pardus*) traîne une sulfureuse réputation. Et davantage encore dans sa défroque mélanique de panthère noire ! En Inde, au XIXe siècle, on racontait que ce félin pouvait, à concurrence du tigre, agresser et tuer des hommes. On parlait de dizaines de villageois occis chaque année par les griffes et les crocs de ces prédateurs. Difficile de trier la réalité du fantasme ! De nos jours, la vérité est, hélas, plus simple à écrire. Trop facile, même... Le léopard se trouve en état critique d'extinction dans l'ensemble de son aire de répartition originelle. Certaines de ses sous-espèces (en Afrique de l'Ouest, à Zanzibar, en Arabie, en Iran, en Russie, au Sri Lanka, en Indochine, en Indonésie...) sont proches de l'extinction.

On en dirait autant de tous les autres grands félins – du guépard (ce recordman de vitesse à la course), de la merveilleuse panthère nébuleuse (ou à bandes), de la sublime panthère des neiges (ou once), etc. On en dirait autant de tous les autres grands carnassiers – ces « tueurs innocents », selon la formule que Jane Goodall utilise en parlant des hyènes...

Tueurs en tous genres

Il existe bien des manières, pour la vie sauvage, de nous envoyer en enfer. Ou (selon notre croyance) de nous recycler dans le tourbillon des molécules et des atomes. Nous sommes vaniteux, mais négligeables. Je ne juge pas abusif qu'un lion ou un moucheron nous le rappellent à l'occasion...

De temps à autre, le cerf ou le sanglier charge le chasseur parce qu'il se sent acculé. Le bison ou l'élan (l'orignal au Canada) piétine le touriste. Le daim ou le renne (le caribou) éventre le curieux d'un coup de bois tranchants (y compris dans un parc animalier). Le morse ou le narval se venge du harpon de l'Inouk en lui plantant une épée (une défense) dans le corps. L'antilope blessée blesse à son tour le Masai ou le Bochiman avec ses cornes. Le gorille dont on a volé les bébés et tué les compagnes se frappe la poitrine et brise en deux le braconnier – lui qui, d'ordinaire, se montre tellement paisible et avenant…

Les animaux qui s'estiment en péril réagissent : nous aurions mauvais genre à nous en offusquer, nous qui sommes coutumiers de l'attaque préventive ! Certains sujets, chez les bêtes comme chez les *Homo sapiens*, sont frappés de folie furieuse ; ou provoquent des accidents par maladresse ou par erreur… Le bétail domestique ne fait pas exception : chaque année, dans le monde, des dizaines d'éleveurs se font encorner par leur vache ou leur taureau…

D'autres espèces, même petites, déploient des armes redoutables. Les abeilles, dont la piqûre n'est que douloureuse pour la plupart d'entre nous, injectent un venin qui, chez certains sujets, entraîne des chocs anaphylactiques mortels. On estime que ces insectes causent au moins quarante morts par an aux États-Unis, autant en Europe, et dix fois plus dans le monde ; notamment depuis que des apiculteurs imprudents ont croisé des souches européennes et des souches africaines, et créé la catégorie agressive des « abeilles tueuses »…

D'autres insectes hyménoptères (les frelons, les guêpes, certaines fourmis comme les fourmis de feu) jouent dans la même cour de récréation évolutive. Les araignées (la veuve noire, la dos rouge ou *redback* australienne, certaines mygales, etc.), les scorpions, les myriapodes (ou mille-pattes, telles les scolopendres) sont dotés d'appendices d'inoculation (dards, crochets, chélicères, etc.) reliés à des glandes venimeuses dont le contenu peut nous conduire à la tombe.

Dans la mer, les cônes incarnent des escargots à la coquille joliment dessinée, qui tirent, grâce à leur langue spécialisée (ou radula), de minuscules flèches organiques imprégnées d'un poison mortel. Les méduses causent, par les piqûres des cellules à venin (les cnidoblastes) qui hérissent leurs tentacules, des allergies, des brûlures atroces, parfois des issues fatales – entre autres, dans le cas des méduses-boîtes (ou cuboméduses) qui prolifèrent, à certaines saisons, dans les eaux côtières australiennes... Dans les mêmes mers palpitent les superbes petits poulpes à anneaux bleus – dont la morsure du bec injecte un venin létal.

Je passe sur les coraux de feu, les physalies aux tentacules de 10 mètres de longueur, les poissons venimeux (poissons-pierres, poissons-lions, poissons-scorpions, vives, etc.). J'évoque à peine le cas des poissons carnivores (j'ai longuement traité des requins) : les barracudas, les gros mérous, les espadons, les marlins, les voiliers, etc., lorsqu'on les agresse, se défendent avec leurs dents aiguës ou leur rostre en épée. Les torpilles et les gymnotes possèdent des organes électriques efficaces.

Dans les rivières d'Amazonie, les piranhas endossent une affreuse réputation : on prétend qu'ils peuvent, en bancs serrés, dévorer un bœuf (*a fortiori* un humain) en quelques minutes... Ces poissons disposent, certes, de dents suraiguës, et s'en servent. Mais ils ne sont pas aussi dangereux qu'on le dit. Je me suis baigné dans des rivières amazoniennes où ils barbotaient en nombre – sans perdre le moindre de mes appendices ! Les piranhas ne deviennent agressifs qu'à la fin de la saison des pluies, lorsqu'ils se font piéger par milliers dans des mares ou des lacs coupés de leur rivière, et qui s'assèchent. N'ayant plus rien à manger, ils se jettent sur la proie qu'ils détectent…

La puissance de l'orque roi

Le plus formidable prédateur de la planète est un dauphin ; un dauphin noir et blanc ; le plus beau et le plus fort de tous : l'orque ou épaulard (*Orcinus orca*). Certes, les baleines à fanons sont plus grandes, ainsi que le cachalot, qui gobe des calmars. Mais le chasseur suprême, c'est elle. Capable de s'attaquer aux requins, aux raies mantas, aux phoques, aux otaries, aux éléphants de mer, aux autres dauphins, voire aux baleines géantes…

Ce seigneur au royaume de Neptune atteint 10 mètres et 8,5 tonnes. Il faut entretenir et approvisionner en énergie pareille carcasse ! L'orque s'offre des festins gargantuesques. Au XIXe siècle, le naturaliste allemand Daniel Eschricht n'a pas trouvé moins de treize restes de marsouins et quatorze de phoques (certes, avalés en plusieurs jours) dans le ventre d'un individu de 7,50 mètres !

Un grandiose épisode a été observé par l'équipe Cousteau, lors d'une mission de l'*Alcyone* à l'île

Wuvulu, au nord de la Nouvelle-Guinée. Un soir, des requins et des raies mantas nagent dans une baie. Le lendemain, plus un seul. Un pêcheur local explique, avec un sourire : « C'est la faute aux baleines ! » Quelles baleines ? Trois orques – un mâle et deux femelles. Le premier tient dans sa gueule une raie manta de 2 mètres d'envergure. L'instant suivant, l'une des femelles fonce vers un surplomb, y débusque un requin de 2,50 mètres, le poursuit, l'attrape, le secoue comme un chiffon et le déchiquette…

Une allégorie de la puissance !

L'orque doit son surnom vulgaire de « baleine tueuse » (dont l'ont affublée les baleiniers), et son autre sobriquet de « gladiateur », au fait qu'elle s'en prend quelquefois aux baleines – franches, grises, à bosse –, voire aux rapides rorquals ; y compris aux deux géants absolus : la baleine bleue et le rorqual commun.

Dans le Pacifique Nord-Est, au large de la Colombie-Britannique, une partie des orques patrouillent loin des côtes et forment des troupes nomades ; en perpétuelle vadrouille… Ces bandes agressent les baleines grises en migration, dont plus de 50 % des individus portent des cicatrices de dents… On pense que ces chasses caractérisent les périodes de disette. Lesquelles, hélas ! tendent à se multiplier, parce que les hommes pêchent à l'excès et épuisent les ressources marines…

Lorsque les épaulards ont faim, ils deviennent terrifiants. Ils choisissent une baleine âgée, malade ou blessée ; ou un baleineau qu'ils essaient de séparer de sa mère. Leur méthode de mise à mort paraît « brutale » ou « cruelle » ; mais la nature est innocente ! La scène a été décrite dès 1804 par le cétologiste Bernard de Lacépède, d'après des récits de baleiniers :

« Les dauphins gladiateurs se réunissent et forment une grande troupe. Ils avancent tous ensemble vers la baleine, l'attaquent de toutes parts, la mordent, la harcèlent, la fatiguent, la contraignent à ouvrir la gueule et, se jetant sur sa langue dont on dit qu'ils sont avides, la mettent en pièces et l'arrachent par lambeaux, causant des douleurs insupportables à la victime, l'ensanglantant par des blessures mortelles. »

Après quoi, ne reste qu'à lacérer et déchiqueter la vaste carcasse, que les membres de la bande se partagent. Grand banquet de la mer !

Les arguments offensifs de ces super-prédateurs impressionnent. Leurs muscles sont formidables : un coup de queue assomme un lion de mer de 250 kilogrammes. Leurs dents semblent autant de pals d'ivoire ; d'un blanc étincelant, elles décorent les mâchoires comme les palissades de la mort.

Et il y a les émissions sonores.

Qui se transforment en arme… Le « cri qui tue » des karatékas existe aussi chez l'orque… L'intensité du flux de sons et d'ultrasons émis par *Orcinus orca* est telle (près de 200 décibels à la source, autant qu'un réacteur d'avion !) que la proie (hareng, saumons, etc.), balayée par l'onde de choc, est arrêtée, frappée d'impuissance, paralysée, anéantie, sinon tout à fait morte. Le prédateur n'a plus qu'à la cueillir.

Toutes les orques ne pratiquent pas la chasse au « cri qui tue ». Dans l'Atlantique Nord, surtout en mer de Norvège, les grands dauphins noir et blanc se repaissent plutôt de harengs et de morues. Ils exploitent ces poissons grégaires en adoptant une stratégie collective. Ils arrivent en groupe autour des bancs. Ils soufflent leurs bulles, s'entrecroisent, tournoient et s'arrangent pour réunir leurs proies en une énorme boule. Ils se « parlent » sans cesse durant la manœuvre. Ils communiquent à coups de clics et de sifflets.

Lorsque la sphère de poissons est compacte, ils attaquent… En assenant d'énormes coups de queue sur la masse grouillante, ils assomment leurs victimes stressées ; puis les gobent…

Dans l'Antarctique, les orques s'en prennent aux manchots, aux otaries à fourrure et aux phoques qui nagent en pleine eau. Elles traquent aussi ces animaux sur les plaques de banquise. Elles soulèvent le radeau d'un coup de tête, font basculer leur proie dans la vague et la croquent. La seule agression répertoriée d'une orque contre un être humain (au début du XXe siècle) semble s'être déroulée dans ces conditions : un marin naufragé avait pris pied sur un glaçon ; le cétacé l'avait précipité à l'eau ; puis attaqué et à moitié avalé, avant de s'apercevoir qu'il ne s'agissait pas d'un phoque.

En Patagonie (dans l'Atlantique Sud), aux îles Kerguelen et Crozet (dans l'océan Indien), l'orque s'en prend aux manchots et aux jeunes pinnipèdes – lions de mer, otaries à fourrure et éléphants de mer. À la saison de la reproduction de ses proies, elle arrive sur les lieux. Elle observe ses futures victimes sur la plage. Elle est patiente. Elle patrouille le long du rivage.

Tôt ou tard, les oiseaux ou les pinnipèdes sont obligés de gagner la mer pour aller pêcher. L'orque fonce avec une telle impétuosité que l'eau se lève en lame blanche devant son crâne. La proie, affolée, aspirée, bousculée dans les remous, n'a pas le temps de s'esquiver : elle est happée par les énormes mâchoires, ou assommée d'un coup de queue.

Le cétologiste français Christophe Guinet a observé et filmé le destin aléatoire des jeunes éléphants de mer de l'île de la Possession, dans l'archipel de Crozet. Au printemps austral – en novembre ou au début décembre –, le bébé pinnipède vient au monde sur la plage. Il tète goulûment, pendant quelques jours, un lait richissime en énergie. Puis sa mère l'abandonne pour de nouvelles aventures sexuelles. Au bout d'un mois, le jeune a épuisé ses réserves de graisse. Il est affamé : il se laisse entraîner vers le large par une rivière dont c'est la saison de la crue.

Les orques attendent sous quelques mètres d'eau. Elles se postent en bande, espacées d'une trentaine de mètres. Pour une fois, absolument silencieuses ; ne cliquetant plus ; soufflant à peine… Chaque membre de la troupe connaît sa place et son rôle. L'éléphanteau de mer s'avance dans l'écume. Guère rassuré… Il produit des « flop ! flop ! » avec ses nageoires. L'orque fonce, après avoir localisé sa cible à l'oreille, au sonar et à la vue. L'attaque est portée à la vitesse de l'éclair. La brutalité de la charge est aussi belle qu'inquiétante. Une contorsion, un coup de caudale, un élan prodigieux, et l'accélération jette le cétacé jusqu'au ras de la plage, dans une gerbe d'écume. La gueule du Moloch se referme sur le petit éléphant désigné par le destin.

L'orque se contorsionne pour se déséchouer. Elle regagne le mystère bleu-vert de l'océan en entraînant avec elle une loque sanglante et désarticulée.

Du sang dans la bouche :
L'orque peint la mort
Aux couleurs de la vie !

J'ai toujours aimé les prédateurs. Il ne me déplairait pas de finir dans la peau d'une proie pour une orque.

6. « La » biodiversité
Dans la nature et dans nos rêves

Certains mots portent en eux la vie : « mère », « père », « embryon », « naissance », « symbiose », « échange », « réciprocité », etc.

D'autres sont chargés de mort. Parmi ceux-ci, l'adjectif (ou le substantif) « nuisible ». Le « nuisible » incarne le mal. Il participe de l'enfer. Du diable. Du Malin… Il doit être repéré, combattu, éradiqué.

Mais le « nuisible » existe-t-il dans la nature ? A-t-il un sens, parmi les vivants ?

« Le » requin, « le » loup, « l' » ours ne sont pas des « bêtes nuisibles » ; et pas davantage le lion, le tigre, le puma, l'hyène, le piranha ou le barracuda. Le qualificatif « nuisible » n'a aucun sens écologique ou scientifique, excepté peut-être quand on l'accole au mot « homme ». Seul, notre genre se comporte en prédateur universel. Seul, il vole aux autres organismes la majeure partie des ressources planétaires en énergie, en eau, en nourriture, en refuges, en espace et même en air – puisque non seulement il pollue l'atmosphère, mais il dérègle de façon dramatique, et pour longtemps, les climats du globe.

La façon la plus stérile et la plus éculée de considérer la nature consiste à mettre, d'un côté, les « bons » et, de l'autre, les « méchants » ; d'une part, ce qui nous serait « utile » et, de l'autre, ce qui nous serait « nuisible ». Cette vision du monde et des vivants est forcément bornée. Elle possède des aspects humiliants, non pas tant pour les bêtes ou les plantes qui nous importunent, que pour nous-mêmes, les hommes dits « sages », les grands singes autoproclamés « *sapiens* ». Ce simplisme consterne le scientifique, le naturaliste, l'écologiste, et tout autant le sociologue, le moraliste ou le philosophe. Ce raccourci dans le raisonnement constitue un concentré de toutes nos idées fausses sur la vie et les êtres ; sur nos origines et notre fragilité ; sur nos sociétés et leurs chances de durer.

Rien qu'en énonçant de telles phrases, je le sais, je me place dans la position de l'irresponsable auquel on reproche de préférer le requin qui rôde à l'enfant qui se baigne ou au surfeur qui s'amuse ; de privilégier le loup par rapport au berger ; de favoriser l'ours « nuisible » plutôt que le troupeau « utile ».

Sur les terres émergées comme sous la mer, les espèces végétales et animales s'éteignent à une vitesse effarante. Inquiétante. Désespérante... La diversité de la vie – la biodiversité – s'effondre. Les plantes et les animaux s'évanouissent en même temps que leurs biotopes. On comprend sans peine qu'il s'agit là d'un problème majeur, et pas seulement du destin de quelques fleurs, papillons, libellules, poissons, tritons, perroquets, baleines ou autres créatures plus ou moins cachées ou célèbres, quotidiennes ou fabuleuses, minuscules ou géantes, décoratives, flamboyantes, bizarres, colorées, contournées, camouflées, crissantes, chantantes, pépiantes, bramantes, sifflantes, soufflantes ou hennissantes. Parfois piquantes, mordantes ou écrasantes…

Il s'agit de la communauté des vivants, dont nous faisons partie ; dont nous conditionnons la survie, et qui permet la nôtre !

Le florilège des sages

Je l'ai déjà évoqué : quelques « sages » de toutes les époques et de toutes les civilisations ont compris la complexité du monde mieux que la plupart d'entre nous. Ils ont aperçu la nécessité concomitante que nous respections ce qui nous entoure.

Presque parvenu au terme de ce livre, je veux leur redonner un moment la parole. J'aime à m'effacer devant l'autorité souriante ou la subtilité bienveillante de ces princes de la pensée.

Voici l'un des premiers artisans de l'idée d'évolution des espèces ; l'un des inspirateurs de Charles Darwin. Dans sa *Philosophie zoologique* (1809), Jean-Baptiste, chevalier de Lamarck, fondateur du transformisme, pose dans des termes très « actuels » la question cruciale de la place d'*Homo sapiens* au sein de la nature : « Enfin, l'homme seul […] semble pouvoir se multiplier indéfiniment, car son intelligence et ses moyens le mettent à l'abri de voir sa multiplication arrêtée par la voracité d'aucun des animaux. Il exerce sur eux une suprématie telle que, au lieu d'avoir à craindre les races d'animaux les plus grandes et les plus fortes, il est plutôt capable de les anéantir, et il restreint tous les jours le nombre de leurs individus. »

Chez les Latins, au Ier siècle avant Jésus-Christ, Lucrèce (*De natura rerum*, *De la nature des choses*) juge que « dans la nature il n'est pas un être qui soit isolé ».

Au IIe siècle, l'empereur Marc Aurèle (*Pensées pour moi-même*) écrit ceci : « Ne vois-tu pas que les arbustes, les moineaux, les fourmis, les araignées, les abeilles remplissent leur tâche respective et contribuent pour leur part à l'ordre du monde ? » Dans le même livre, le souverain penseur insiste : « Il y a des ronces dans le chemin : évite-les ! N'ajoute pas : pourquoi ces épines existent-elles dans le monde ? Tu prêterais à rire à l'homme qui étudie la nature. »

Au IIIe siècle, le néo-platonicien (et mystique) Plotin illustre (dans ses *Ennéades*), avec une pincée d'humour, l'idée que tout a un sens dans la nature, que rien n'y est inutile, et qu'*a fortiori* rien n'y saurait être déclaré « nuisible » : « L'homme est un beau poème, aussi beau qu'il peut l'être. Dans la trame de l'univers, il a la meilleure part de tous les vivants. Nul esprit sensé ne saurait se plaindre de l'existence des animaux inférieurs à l'homme, lesquels embellissent la terre. Ce serait chose plaisante si l'on venait à se plaindre de ce qu'ils piquent ou mordent les hommes, comme si les humains devaient passer leur vie à flemmarder. L'existence de ces bêtes est indispensable. Elles ont une utilité évidente – ou cachée, mais qui se dévoile avec le temps. Rien n'est inutile, ni pour elles ni pour nous. Il serait plaisant de regretter qu'il y existe autant de bêtes sauvages, quand il y a autant d'hommes qui méritent cet adjectif. Que les bêtes sauvages n'aient pas confiance en l'homme et se défendent contre lui, quoi d'étonnant ? »

À la Renaissance, Michel de Montaigne reprend l'idée dans un aphorisme tranchant des *Essais* : « Il n'y a rien d'inutile en nature ; non pas l'inutilité même. »

Biodiversité chérie

La Terre nourrit environ dix millions d'espèces différentes ; certains scientifiques parlent de vingt ; d'autres vont jusqu'à cinquante. Depuis ses origines, la vie en a inventé au moins un milliard.

À peine deux millions des espèces qui vivent en ce moment sur le globe ont été décrites, nommées et classées par les taxonomistes, soit au mieux une sur cinq, probablement une sur dix, peut-être une sur vingt-cinq.

En quatre milliards d'années, 99 % des formes biologiques ont disparu – pour des raisons qui ne tenaient qu'aux convulsions de la nature, puisque nous n'existions pas. Mais le facteur principal de l'extinction massive à laquelle nous assistons aujourd'hui, ce ne sont ni les glaciations, ni les volcans, ni les météorites : c'est l'*Homo sapiens*. Avant notre arrivée, la Terre perdait en moyenne dix espèces par an (elle en créait le même nombre). Notre genre a accru de façon vertigineuse le rythme des extinctions : on en est à 100 000 par an, soit une douzaine par heure. Une toutes les cinq minutes ! Encore s'agit-il là d'un ordre de grandeur. Nul n'est en mesure de proposer un calcul plus rigoureux. Nous surveillons la démographie des créatures que nous jugeons belles, utiles, légendaires, prestigieuses ou poétiques : chimpanzés, gorilles, dauphins, ours, tigres, baleines, éléphants, rhinocéros, orchidées ou séquoias. Mais comment suivre l'évolution démographique des crustacés, des insectes, des araignées, des vers, des méduses, de la plupart des plantes et des micro-organismes, dont nous ignorons les effectifs d'origine et même souvent jusqu'à l'existence ? Songeons que nous avons identifié 50 000 espèces de ces insectes coléoptères qu'on appelle « charançons » ; et qu'il en existe probablement quatre fois plus… Impossible de trouver, dans un muséum d'histoire naturelle, un entomologiste qui puisse se prétendre « le » spécialiste de cette famille d'animaux : elle est trop populeuse !

Nous devons préserver la biodiversité, non pas parce que quelques écolos à casquette verte nous le serinent avec un air de reproche, mais pour nous-mêmes et nos enfants. En ce début de XXIe siècle, la question devient obsédante. Dans son rapport 2012, l'UICN déclare avoir étudié quelque 65 000 espèces ; sur ce total, plus de 20 000 sont en danger. Vingt-cinq pour cent des mammifères, 13 % des oiseaux, 41 % des amphibiens, 33 % des coraux, 31 % des requins et des raies, 30 % des conifères sont en péril. Pour ne citer que ces exemples…

La biodiversité mondiale s'effondre. Le désastre atteint la même intensité, la même magnitude pourrait-on dire (par référence aux séismes), que lors des cinq extinctions majeures qui ont ponctué les ères géologiques : à la fin de l'ordovicien (voilà 445 millions d'années), du dévonien (il y a 380 millions d'années), du permien (250 millions d'années), du trias (205 millions d'années) et du crétacé (65 millions d'années).

L'*Homo sapiens*, ce grand singe intelligent mais sans jugeote, domine et détruit davantage que toute autre espèce depuis le déluge ; et même avant ! Nous préparons la sixième extinction majeure sur le globe. Adieu, loups, ours, requins, lions, tigres, rhinocéros, baleines, éléphants, crocodiles ou jaguars ! Que sera notre existence, que seront notre morale, nos beaux-arts, nos légendes, notre littérature, notre philosophie, le jour où nous n'aurons plus, pour voisins de planète, que d'autres hommes et des myriades de rats, pigeons, cafards, mouches et moustiques, lesquels nous accompagneront jusqu'à la fin, puisque ce sont nos commensaux ou nos parasites ?

Je n'imagine pas une Terre sans ours, ni lynx, ni antilopes, ni condors, ni thons, ni pieuvres, ni chênes, ni fleurs des champs. Or c'est ce paysage « civilisé », rempli de béton et de moteurs à explosion, que nous allons offrir en cadeau de malvenue à nos descendants.

Nous souffrons de ces disparitions : nos enfants en souffriront bien davantage. Le cas des abeilles est clair. À eux seuls, la gentille Maya et les butineurs voisins assurent la pollinisation (donc la production) du tiers de la masse végétale (fruits, graines, etc.) que nous utilisons ; et des deux tiers de leur variété. Les services que nous rendent ces bestioles sont estimés à 150 milliards d'euros par an, soit 10 % de la facture agricole totale. Eau potable et matières organiques, recyclage du carbone, de l'azote et du phosphore, épuration de l'air, stabilisation du climat, etc. : les bienfaits que nous consent la nature (sans contrepartie, ni salaire !) valent au moins dix fois ce que la même nature rapporte lorsque nous la massacrons.

Chacun devrait mémoriser cet ordre de grandeur, et s'en souvenir avant d'oser « mettre en valeur » (autrement dit : saccager) une contrée encore intacte !

Les espèces clés de voûte

Dans une nature globalement en péril, voire en cours de dévastation accélérée, les grands carnivores et les herbivores XXL occupent une place irremplaçable. Au sein de la chaîne (ou de la pyramide) alimentaire, ils jouent un rôle régulateur décisif.

Parmi les millions d'espèces végétales et animales (sans oublier les microbes) qui se côtoient dans les milieux terrestres ou aquatiques, les grands (et vieux) sujets contrôlent, stabilisent et pérennisent chaque écosystème. Ils assurent la solidité des édifices. De même que, dans une voûte architecturale romane ou gothique, la pierre sommitale concentre les forces vives et tient en équilibre le monument (si elle tombe, tout s'écroule), de même ces espèces (justement qualifiées de « clés de voûte ») évitent le collapsus à la structure.

Avec l'équipe Cousteau, nous avions étudié le cas des loutres de mer. Ces carnivores de taille moyenne vivent près des côtes du nord de l'océan Pacifique, jadis (et à nouveau depuis quelques années) du détroit de Béring jusqu'à la Californie. Les loutres marines adorent les ormeaux, ou abalones, ces gastéropodes dont elles brisent la coque en utilisant une pierre comme marteau.

Les pêcheurs de coquillages les maudissaient, en les accusant de concurrence déloyale dans un secteur économique florissant. Ils voulaient qu'on extermine jusqu'au dernier ces « nuisibles ». Or, dès cette époque, nous avons montré que les loutres ne se gobergent pas seulement d'abalones : elles consomment aussi des oursins. Ces derniers sont végétariens. Ils grignotent les algues géantes macrocystes (le kelp) qui forment les forêts sous-marines indispensables à l'existence des abalones. Là où l'on tue les loutres de mer, les oursins pullulent. Au contraire de ce qu'on pouvait imaginer en raisonnant de façon simpliste, moins il y a de loutres, moins on trouve d'abalones ; et plus il y en a, plus les coquillages abondent. Même si les jolies gourmandes n'oublient pas de prélever leur dîme au passage !

Bien d'autres études vont dans le même sens. En voici quelques-unes. Aux États-Unis, dans le parc national du Yellowstone, les forêts riveraines des cours d'eau (les ripisylves) sont essentielles à l'écosystème entier. Elles étaient en train de disparaître, trop souvent broutées par les cerfs wapitis et les élans. Les loups avaient disparu de la contrée. On les a réintroduits. En quelques années, leurs meutes ont régulé les populations de grands ruminants, et les arbres ont recouvré leur splendeur.

En France, lorsque les loups sont revenus dans le massif du Mercantour, les ongulés (bouquetins, chamois, mouflons, cerfs, chevreuils, etc.) de ce parc national des Alpes-Maritimes souffraient d'une terrible épizootie d'ophtalmie. Aveuglés par la maladie, les herbivores mouraient de faim ou tombaient des falaises. Les loups ont consciencieusement joué leur rôle de prédateurs partisans du moindre effort : ils ont d'abord dévoré les sujets malades, plus faciles à attraper. Ce faisant, ils ont à eux seuls bloqué la propagation de la maladie.

En Australie, depuis l'extinction des grands carnivores marsupiaux (notamment du « loup » ou « tigre » marsupial, ou encore thylacine), ce sont les dingos qui jouent le rôle d'espèce clé de voûte. Ces canidés ré-ensauvagés mangent des kangourous, ce qui limite les populations de ces derniers et améliore la santé des prairies, dont profitent des légions d'autres animaux sauvages (mais aussi les moutons des hommes).

En Amérique latine, les pumas équilibrent, de façon similaire, les effectifs de ruminants (vigognes, guanacos, daims, etc.), et contribuent à la vigueur des herbages.

J'ai déjà évoqué le cas des ours bruns de l'Alaska, du Canada, du Kamtchatka et d'ailleurs, qui pêchent les saumons migrateurs dans les rivières. En abandonnant les restes de poissons sur les berges, les plantigrades nourrissent maints récupérateurs : aigles pêcheurs, corbeaux, goélands, renards, gloutons, etc. Sans grizzlys, pas de pullulation de la vie dans ces contrées...

Au sein des mers, que nous vidons pour toutes sortes de raisons de leurs grands prédateurs (baleines, cachalots, orques, dauphins, requins, thons, bonites, marlins, voiliers, espadons, etc.), les déséquilibres sont désormais tristement apparents. Les poissons de taille moyenne commencent par proliférer, puis meurent, victimes de la surpêche et de diverses maladies. Vient le tour des poissons de petite taille, des crustacés et des mollusques, qui se raréfient. Ne restent, au bout de quelques décennies, que des nuées envahissantes de méduses…

Du côté des super-herbivores, les constatations vont dans le même sens. Les rivières africaines dont on a tué les hippopotames se retrouvent bientôt vidées de leurs poissons. On a compris pourquoi. Les lourds pachydermes aquatiques fertilisent les eaux. Leurs excréments, décomposés, font pousser les algues et les plantes aquatiques. La petite faune d'insectes, de larves, de vers, de crustacés, de mollusques, etc., prolifère. Dans ce riche milieu, les poissons peuvent à la fois se nourrir et pondre leurs œufs en sécurité dans le dédale des tiges et des limbes.

Pour leur part, les éléphants sont, depuis belle lurette, connus comme les « jardiniers » de la savane et de la forêt. Ils cassent, certes, des arbres dont ils convoitent le feuillage, notamment à la saison sèche. Mais ils engloutissent des fruits et des graines, qu'ils « préparent » grâce à leurs sucs digestifs et restituent à l'environnement dans un monticule de fumier fertile. Là où les pachydermes disparaissent, la sylve se régénère mal et trop lentement…

Dans notre culture et dans notre âme

Les grands animaux, surtout les prédateurs, sont indispensables à la nature et aux hommes. Comme, du reste, les végétaux les plus remarquables – les plus grands et les plus vieux. Les scientifiques ont démontré que, au contraire de ce qu'on pensait naguère, les « arbres Mathusalem » recyclent davantage de carbone que les jeunes ; et qu'ils hébergent infiniment plus d'espèces associées ! Ce qui vaut pour les rois des chênes, les séquoias millénaires, les colosses fromagers, les gigantesques figuiers ou les baobabs au tronc gros comme une maison, convient aussi (*mutatis mutandis*) aux espèces zoologiques majeures : nos écosystèmes et nous-mêmes en avons un impérieux besoin.

La nature se montre constamment généreuse, même si, parfois, elle nous tue. Elle nous offre le gîte et le couvert, l'eau et la nourriture, l'air pur et la pluie qui féconde le sol, la bonne température et l'éclairement qui convient... Certains de ces présents peuvent s'évaluer en euros ou en dollars – en centaines de milliards de chaque unité de ces monnaies. D'autres dons sont encore plus précieux, mais il est impossible de leur conférer une quelconque valeur monétaire.

Qui pourrait chiffrer, en sesterces ou en ducats, en louis ou en maravédis, le prix du plaisir que nous prenons à contempler une forêt, un éléphant, un papillon, la splendeur d'un récif de corail ? Quelle est la valeur vénale du saut du dauphin ou du chant du rossignol ? Combien pourrait-on négocier le spectacle de l'orque qui chasse, du requin blanc qui rôde, du tigre qui ondule dans la savane, du lion qui secoue sa crinière, du loup qui trottine dans la neige ou de l'ours qui se dandine en attendant le saumon ?

Comment chiffrer, pour l'enfant, l'importance de savoir que le loup du *Petit Chaperon rouge* court encore « pour de vrai » dans la forêt ? Que l'aigle des *Fables* de La Fontaine plane toujours sur la montagne ? Que les héros des *Trois Ours* continuent de hanter la sapinière ?

Comment les petits Inuits accéderaient-ils à leur mythologie – à la légende de Sedna – si l'ours polaire, le narval, le requin du Groenland et le phoque venaient à manquer ?

Comment les gamins de l'Inde comprendraient-ils le *Râmâyana* s'il n'existait plus ni éléphants d'Asie, ni tigres, ni ours lippus, ni cobras à lunettes ?

Pour les petits Africains, que signifieraient les histoires racontées par le griot, sous le baobab, sans l'éléphant d'Afrique, le crocodile, la girafe, la panthère et le lion ?

Comment les enfants d'Amérique centrale pourraient-ils reconnaître, sur les pyramides aztèques ou mayas, le jaguar et le boa sacrés, si ce félin et ce serpent n'existaient plus dans la jungle ?

Comment les jeunes Aborigènes australiens garderaient-ils le contact avec la culture de leur peuple et le « temps du rêve », sans le crocodile marin, le python, le requin de récif et le dingo ?

Quant aux Maoris de Nouvelle-Zélande, ils ne sauraient même plus d'où ils viennent : leur cosmologie raconte que leurs ancêtres gagnèrent leur « île du Long Nuage blanc » assis sur le dos d'une baleine…

En anéantissant les grands prédateurs, ainsi que la faune et la flore qui leur sont associées, nous ferions disparaître des créatures indispensables à l'équilibre de notre planète. Nous nous priverions d'espèces uniques et merveilleuses, que l'évolution darwinienne a forgées et perfectionnées durant des millénaires.

En anéantissant ces splendeurs qui, parfois, nous blessent ou signent notre mort, nous perdrions bien davantage. Nous nous couperions des racines mêmes de notre culture. Nous renierions une large part de notre civilisation. Nous nous séparerions de ce qui nous a faits hommes bien avant l'invention du fusil-mitrailleur, de la tronçonneuse et du bulldozer. Nous interdirions à nos enfants des spectacles de nature sublimes, mais nous les isolerions surtout de la plupart de nos récits mythologiques, de nombre de nos poèmes, de nos romans, de nos peintures, de nos films ou de nos bandes dessinées. Nous les mutilerions bien plus gravement que nous ne le croyons. Maints versets de la Bible ou du Coran, maints symboles disséminés dans nos œuvres, maints passages de la Bhagavad-Gîta, de *L'Odyssée* d'Homère ou des contes des *Mille et Une Nuits*, leur deviendraient obscurs.

En tuant tous les loups, tous les ours, tous les requins et tous les autres grands animaux de la terre et de la mer, comme nous avons commencé de le faire, nous ne nous débarrasserions pas d'une bande de créatures dignes de la préhistoire, qui nous inquiètent, nous encombrent ou nous importunent. Nous nous mutilerions nous-mêmes. Nous nous trancherions, dans le cerveau, des portions entières de mémoire et de splendeur – des pans de culture et de plaisir que nos mères et nos pères avaient conservés, mais que nous interdirions aux générations suivantes.

Lorsque nous goûtons les splendeurs de la vie sauvage (par bonheur, cela reste possible en ce début de XXIe siècle !), souvenons-nous de ces mots de

Lucrèce (*De natura rerum*) : « C'est à juste titre que la Terre mérite le nom de mère que nous lui avons offert. »

Ne devenons pas les fils et les filles matricides de mère Nature. Cessons de nous prosterner devant nos banques, nos usines, nos bagnoles, nos ordinateurs, nos artifices et nos consommations effrénées. Gardons les deux pieds dans les quatre éléments fondateurs de notre culture. Ne quittons pas ce monde réel et rêvé à la fois, où soufflent les baleines, où ondulent les requins, où rugissent les lions, où barrissent les éléphants et où les loups chantent sous la lune.

Comme les primevères et les paysages d'Aldous Huxley, les « mangeurs d'hommes » ont un irrémédiable défaut : le spectacle de leur beauté est gratuit.

Mais, si nous les anéantissons, nous paierons ce crime au prix fort.

Au bonheur du Gaulois !

L'air est doux sous le chêne « emboulé » de gui vert.

Je voulais réfléchir à quelque chose d'essentiel, mais j'ai oublié quoi. Je m'endors. Je rêve de la Gaule – la vraie, la forestière, la « chevelue »... Par une magie de la déesse Belisama (« comme la flamme »), je redeviens gaulois. Je parle celte, quoique avec un drôle d'accent savoyard. J'honore la triade : Ésus, Teutatès et Taranis. J'ai enfilé mes braies, peigné ma moustache et ajusté mon casque : sait-on jamais, le ciel tombe si vite sur les têtes ! J'emplis ma musette de fruits secs, d'une tranche de pain et de lard. Je marche au hasard.

J'aime la forêt qui garde le hameau. Elle me semble infinie. Je m'y balade avec un mélange d'excitation sensuelle et de sérénité. Ma famille et mes amis me prennent pour un fayard. Un fou. Un hêtre… Ils se demandent quel plaisir je trouve à dormir dehors, à renifler les corolles ou à guetter le pic-vert. Je me perds entre les chênes et les frênes. Les merisiers me sont galaxies. Je remonte un ruisseau à écrevisses. Je salue le papillon citron. Le castor colmate son barrage. Je goûte la magie de la forêt primaire, telle qu'elle a crû depuis la glaciation de Würm, selon les lois buissonnières de l'écologie poétique.

Je marche sans me presser, une herbe à la bouche, du pas du Gaulois sylvestre. J'aperçois des biches et des faons sous une arche de lumière. Le sanglier grommelle, le pic-vert tape-tape, le renard glapit, le geai cajole. La langue celte est riche en mots sonores, que dans mon rêve je transcris tant bien que mal en français. Un aigle plane. Des bouquetins détalent. Des bisons se frottent le flanc aux troncs rugueux : ils perdent par poignées leur laine d'hiver brun-noir. Un clan d'aurochs se débande : une vache me regarde de travers ; c'est la cheffe N'a-qu'une-corne… Dans l'épaisseur des fourrés, un lynx miaule son désir d'amour. Des loups passent : ombres furtives aux yeux jaunes. Ils craignent l'humain. Ils trottinent, souples, légers, superbes, on dirait immatériels.

C'était trop beau ; c'était un rêve… Une mouche se pose sur mon visage et me chatouille de ses pattes velues. Je me réveille. Le parfum des chênes emplit ma narine. Une auréole de gui surmonte mon crâne celtique. Hélas ! La face de la Gaule a changé. Les forêts infinies ne sont plus que bosquets miteux semés de papiers gras, ou futaies de rapport tirées au cordeau pour exploiter des grumes. Le bison et l'aurochs se sont évanouis. Le lynx tente de reprendre ses territoires : il récolte des chevrotines. Le gypaète et l'aigle ont été déportés et n'existent plus que dans quelques montagnes. Le renard, le putois et la fouine sont déclarés « nuisibles ». Le chevreuil, le lièvre et la bécasse sont « gérés » par des flingueurs du dimanche.

Nous ne reverrons plus jamais la splendeur virginale de la forêt de Vercingétorix. Du moins, pouvons-nous essayer d'en sauvegarder des lambeaux ; ou d'en réinventer quelques parcelles... Je désirerais qu'on ménage des fragments de la France – 100 hectares par département (un kilomètre carré : c'est peu !) – où l'Office national des forêts autoriserait les arbres à pousser selon leur fantaisie. Où les chasseurs laisseraient les cerfs, les sangliers et les hiboux régler leurs affaires. Où nous accueillerions à nouveau le gypaète et le tétras, le castor, le bison et même l'aurochs « reconstitué » par génie génétique. L'ours, le lynx et le loup.

Le loup. Il est revenu en Gaule. Il ne s'agit, pour l'instant, que de quelques immigrés italiens nés dans l'Apennin. Mais ils font souche. Des loups en France. À nouveau. Enfin ! Protégeons comme un trésor ces pionniers de la reconquête amicale. Voyons-y des fragments d'âme celtique. Ils hurlent leur liberté dans la montagne. Ne boudons pas notre joie. Ne gâchons pas, à coups de fusil, la deuxième et dernière chance que la nature nous offre de danser avec eux.

J'enfile mes braies, je peigne ma moustache, je marche à leur rencontre comme en un rêve.

Au bonheur du Gaulois !

CET OUVRAGE
A ÉTÉ ACHEVÉ D'IMPRIMER
SUR CAMERON
PAR L'IMPRIMERIE NIIAG
À BERGAME (ITALIE)
EN SEPTEMBRE 2014

Cet ouvrage a été mis en page par IGS-CP
à L'Isle-d'Espagnac (16)

N° d'édition : L.01EBNN000344.N001
Dépôt légal : octobre 2014

Table